右派はなぜ家族に介入したがるのか

憲法24条と9条

中里見博・能川元一・打越さく良
立石直子・笹沼弘志・清末愛砂――［著］

大月書店

目次

序章　なぜいま憲法24条と9条か　中里見博　1

第1章　右派はなぜ24条改憲を狙うのか？——「家族」論から読み解く　能川元一　17

1　改憲論の現状　18
2　24条改憲論の論拠は？　22
3　改憲派は護憲派をどう見ているか　28
4　右派の戦後史理解と改憲論　36

第2章　家庭教育支援法の何が問題なのか？——24条を踏みにじる国家介入　打越さく良　45

1　支援という名の家庭統制　47
2　教育基本法「改正」から浮かび上がる問題　55
3　家庭教育支援条例と連動する動き　58
4　子どもの権利条約との乖離　64
5　戦前の家庭教育振興政策との類似性　66

第3章　「家」から憲法24条下の家族へ　立石直子　75
1　戸籍と明治民法――家制度と家族　76
2　家制度と戦争の時代　80
3　日本国憲法の成立――家制度の廃止へ　85
4　多様な家族生活の保障へ――「家族保護」のあり方　91
第4章　日本社会を蝕む貧困・改憲と家族――24条「個人の尊厳」の底力　笹沼弘志　99
1　現代日本における貧困と「自立と連帯の強制」　100
2　人権体系における24条の位置　107
3　人権体系における24条の意義　116
4　24条と自由の現実的保障――すべての人の自由な幸福追求への権利　122
第5章　非暴力平和主義の両輪――24条と9条　清末愛砂　129
1　9条と24条の密接な関係　130
2　積極的平和とベアテの平和・人権思想――積極的平和主義との違い　134

3　24条と平和主義　142
4　暴力装置としての軍隊――男性支配と戦闘性　147
5　社会の軍事化と私たちの生活――非暴力な社会をめざして　152

第6章　非暴力積極平和としての憲法の平和主義　中里見博　157

1　憲法の平和主義の規定　158
2　憲法の平和主義の核心　159
3　可能性としての非暴力積極平和主義　164
4　なぜ憲法の平和主義は生まれ、どう受容されたか　174
5　憲法の平和主義の歴史　178
6　9条は死んでいない　183

あとがき　197

序章　なぜいま憲法24条と9条か

中里見博

いま、憲法24条と9条が、改憲の危機にあります。9条は、言うまでもなく、憲法前文と一体となって、日本国憲法の最大の特徴とも言える「平和主義」を定めた条文です（前文と9条の文言は本書158−159頁）。24条は、夫婦同権や家族における「個人の尊厳」「両性の本質的平等」を定めています。[*1]

本書は、特に24条の改憲の動きが具体的にどのようなものであるのか、その狙いや関連する立法動向などを検討するとともに、24条の歴史的な成立経緯を明らかにしたうえで、その斬新な理解——他者に依存せざるをえないすべての人の自由を保障する条文、さらに非暴力平和主義を構成する条文という理解——を提示し、私たち市民にとって両条がかけがえのない価値をもつことを明らかにしようとするものです。

以下、本書の内容に適宜触れながら（深く関連するところでは章タイトルを掲げつつ）、9条、24条の順でそれぞれの改憲をめぐる状況を確認し、なぜいま憲法24条と9条の意義や関係を論じる必要があるのかを示したいと思います。

憲法9条をめぐる改憲の動き

憲法9条の「明文改憲」——条文の文言そのものを変えること——の国会発議[*2]が、かつてない段階にまで近づいています。保守権力による9条改憲の動きそのものには長い歴史があります。しかし、2015年に、従来政府自身も否定してきた集団的自衛権の行使を自衛隊に認める安全保障関連法が成立したことにより、憲法による軍事コントロール機能がぎりぎりまで狭められ、それを受けて保守権力はいよいよ9

条の明文改憲に乗り出してきたのです（詳しくは本書178頁以下）。

かねてから「憲法改正は私のライフワークだ。なんとしてもやり遂げたい」と公言してきた安倍晋三首相は、昨年（2017年）5月3日に、「2020年を新しい憲法が施行される年にしたいと強く願っている」と表明し、「9条1項、2項を残しつつ、自衛隊を憲法に明記するという考え方は、国民的な議論に値する」と述べました。[*3]この発言は、改憲内容そのものに加えて、改憲の実現時期を区切るという二重の深刻性をはらむものでした。

自衛隊を9条に書き加えるという提案（いわゆる「加憲」）は、一見すると、従来の自民党案――「戦力不保持」や「交戦権の否認」を定めた9条2項を削除し自衛隊を正真正銘の「軍」にするという案――よりも穏健に見えます。安倍首相も国会で、自らの案によって「自衛隊の任務や権限に変更が生じることはない」、つまりあくまで「現状維持」を意味する提案であると説明しています。

安倍首相の説明は不正確、と言うより大きな誤魔化しであると言わねばなりませんが（本書186頁）、「自衛隊員に『君たちは憲法違反かもしれないが、何かあれば命を張ってくれ』というのはあまりにも無責任だ」（安倍首相）とか、「（自衛隊の憲法明記によって）自衛隊が違憲と言われず、誇りを持って任務に邁進できる環境をつくることが大事だ」（佐藤正久外務副大臣）という主張は、国民にそれなりに強い説得力をもって響く可能性があります。

そして、安倍提案の約5か月後（10月22日）に行われた衆議院選挙で、自民・公明が両党で憲法改正の発議に必要な「3分の2以上」の議席を維持しました。参議院も、2016年7月の選挙の結果、自公および改憲に積極的な勢力で3分の2の議席を超えています。これを受け、安倍首相は、「いよいよ（憲法改正を）実現する時を迎えている。責任を果たしていこう」と自民党議員に呼びかけたと報じられています（2018年1月22日、自民党両院議員総会で）。

安倍首相の発破に応じて自民党は、安倍首相が区切った〝2020年の改正憲法施行〟をめざして、2018年通常国会あるいは臨時国会での改憲発議を実現しようと党内論議を加速させています。そのような中で、森友学園への国有地売却に関する財務省の決裁文書改ざんが明るみに出て、安倍政権への批判と不信が広がった結果、年内改憲発議が遠のいたという報道もあります。しかし、自民党改憲推進本部は党大会（2018年3月25日）に合わせて、四つの「改憲重点項目」――9条、緊急事態条項、合区解消、教育充実――の条文案を強引に集約し、安倍首相も党大会の演説で自衛隊明記の改憲への意欲を改めて示しました。改憲の本命はやはり9条であり、他の3項目（少なくとも緊急事態条項を除く二つ）は、改憲反対運動の焦点を9条に絞らせないために、国民の間で反対の少ないものから選ばれたものと思われます。以上のように、9条改憲の国会発議がかつてなく迫っています。

憲法24条をめぐる改憲の動き

次に、保守権力による24条の改憲をめざす動きですが、24条改憲も9条改憲をめざす動きと同じくらい長い歴史をもっています（本書１４４頁）。冷戦終結とともに始まった現代の改憲論議においても、24条は常に改憲の対象にされてきました。[*4] そしてついに、２０１２年自民党「日本国憲法改正草案」において24条改憲案が示されました。それは、次の3点を改めるという提案でした。

①新しく第1項として、「家族は、社会の自然かつ基礎的な単位として、尊重される。家族は、互いに助け合わなければならない」を追加する。

②現行1項の「婚姻は、両性の合意のみに基いて成立し」から「のみ」を削除する。

③現行2項の列挙事項につき、先頭にあった「配偶者の選択」等を削除して「家族」を先頭にし、「扶養」「後見」等を付け加える。

もっとも24条改憲は、四つの「改憲重点項目」には入れられませんでした。しかし、**第1章「右派はなぜ24条改憲を狙うのか？――「家族」論から読み解く」**は、右派改憲論者の中には「24条改憲こそ最も優先されるべき課題だと考える論者も少数ながら」いることを指摘しています（本書21頁）。最初の明文改憲が成功すれば、次に24条改憲が「待っている」可能性も否定できません（本書１５２頁）。

24条改憲を最重要視する右派改憲論者が求めているのは、24条に「家族保護」の文言を追加することです（本書20頁）。自民党２０１２年改憲草案の①の追加新1項がそれに対応しますが、それが「保護」という文言を避け、「尊重」としていることが注目されます。自民党の追加新1項は、第二文で家族の「相互助け合い義務」を盛り込みましたので、家族への社会や国からの支援を含意する家族「保護」の文言を使えなかったのでしょう。家族に「相互助け合い義務」を課す自民党の家族観は、現行24条の原案を書いたベアテ・シロタさんの家族観（本書91頁）や、家族が「社会及び国による保護を受ける権利を有する」（16条3項）と定めた世界人権宣言の家族に関する考え方とは、「むしろ対立するもの」です（本書116頁）。

改憲論者の中には、自民追加新1項の家族の「相互助け合い義務」に対するこうした批判を「一般的に家族保護条項と言われるものの中身（中略）自体に対する批判」ではないと理解したうえで、それを「むしろ家族保護条項新設へのテコにしよう」とする議論もあるようです。そうした議論への反論は第1章で展開されています（本書28頁以下）[*5]。

24条の歴史的な成立と現代的な意義を探る**第3章「「家」から憲法24条下の家族へ」**は、そのような一見、家族を「保護」するように感じられる法や政策が「家族や親子のあるべき姿をモデル化する効果」（本書93頁）をもち、多様な家族を封じる恐れがあることを指摘します。この点に関し、民法・ドイツ法研究者の広渡清吾氏は、自民追加新1項は、大きな家族（民法730条「直系血族及び同居の親族は、互いに扶け合わなければならない」）を、あえて憲法上の尊重すべき家族と規定することによって、伝統的大家族（三世代世帯的家族）の憲法的支援を提示するものだ、と批判します。家族の多様化が進む社会的現実に目を塞ぎ、24条2項の「個人の尊厳」を原理とした多様な家族の発展可能性を阻止し、家族の統合機能を重視して公的機能（社会保障・教育等）を家族に肩代わりさせようとしている、とも批判しています[*6]。

「家族」を「社会の自然かつ基礎的な単位」とすることについても、「個人の尊重を重視するのではなく、家族という単位を強調し、個人をその中に埋没させせようとする懸念」が指摘されています（本書52頁）。この懸念はすでに現実となっています。最高裁判所は、民法の夫婦同氏規定（750条）を憲法の人格権等に反せず合憲であるとした大法廷判決（2015年12月16日）[*7]において、自民改憲案と同様、家族を「社会の自然かつ基礎的な集団単位」と捉えたうえで、「個人の呼称の一部である氏をその個人の属する集団を想起させるものとして一つに定める（つまり家族の呼称として統一する——引用者）ことにも合理性がある」と判示したのです。

②の婚姻の成立について「両性の合意のみ」の「のみ」を削除するのも問題です。ベアテ・シロタ原案では、「婚姻と家族は……親の強制ではなく相互の合意に基づき」となっていました（本書87、114頁）。つまり、「両性の合意のみ」の「のみ」は、明治民法が戸主（家族の長）に与えていた、家族の婚姻についての同意権（本書78頁）を否定するという趣旨であり、世界人権宣言16条にも類似の規定があります。「両性の合意のみ」を問題視する右派改憲論者は、「両性の「合意のみ」によって成立した結婚は「合意のみ」によって気軽に破局を迎えやすい」、「「両性の合意」がなくなれば、いつでも解消していいという〝離婚の勧め〟にもなりかねません」と主張しており、婚姻の「成立」における当事者の自己決定だけでなく、婚姻の「解消」における当事者の自己決定をも問題にしているようです（本書32頁）。

このように見てくると、「9条と24条のセット改憲を狙う保守改憲派の動きは、今日にいたるまで基本的に同じ発想」に基づいており、それは「大日本帝国時代の家制度の根底にある考え方」「家族主義」である、という第5章の分析（本書144－145頁）は的を射ていると言えるでしょう。その意味は、「戸主権と家督相続」（その具体的意味は本書78頁）を中核とした「旧民法下の家族制度をそっくりそのまま復活」させようとしているということではなく、旧民法の時代の「「精神」を復興させるのが24条改憲の狙いだ」（本書32、34頁）ということです。

24条改憲論に注目しなければならないもう一つの理由は、「国や地方自治体の施策の中には、24条改憲論の背後にあるイデオロギーに基づくものがすでに入り込んでいる」（本書21頁）からです。**第2章「「家庭教育支援法」の何が問題なのか？——24条を踏みにじる国家介入」**は、自民党が準備している「家庭教育支援法案」や、すでに各地で制定されている家庭教育支援条例等について、それらが「24条改憲の先取り」ではないかという視点から、さまざまな問題点を検討しています。重要なことは、法案や条例の内容を歴史的文脈から切り離して抽象的に理解してはならないことです。２００６年の教育基本法の「改正」との関連性（本書56頁以下）、さらには戦前の家庭教育振興政策との類似性（本書66頁以下）を理解すること、より端的に言えば、９条改憲との関係、戦争をできる国づくりとの関連で理解することが不可欠です。そうした文脈の中で捉えれば、「多様性を否定し特定の家族観を強調して、その家族における構成員の責任を強調する動きには、警戒すべきことが理解」（本書46頁）できるはずです。

右派改憲論者はなぜ24条を変えたがるのでしょうか。一つの理由は、すでに述べたように、三世代世帯的家族に憲法上の正統性を付与し、福祉等の公的機能を家族に肩代わりさせたいということです。期待されているのは女性の無償労働でしょうから、ジェンダー不平等が埋め込まれた、社会・経済構造上の理由と言えます。

もう一つの理由は9条の改憲と関係します。第1章は、24条改憲派の多くに共通しているのが「行き過ぎた個人主義」批判だと指摘します。戦後、「個人の尊重ばかりが強調され、国家や家族に対する意識がどんどん希薄」になり、それが「家族の崩壊」を招くとともに、国防という「国家の役割」を果たすうえでの「障害となっている」というのです（本書36頁以下）。「行き過ぎた個人主義」を招いた元凶は、「すべて国民は個人として尊重される」とした憲法13条と、とりわけ家族における「個人の尊厳」と「両性の本質的平等」を定め、家族を「個人」に〝解体〟した24条だというのが、彼らの認識です。かつて、ある右派改憲派議員は、「日本国憲法の最大の欠陥は、第9条以上に、24条的なもの、家族とかコミュニティーというものを全く認めないことではないか」（傍点——引用者）と述べました。[*8]

そもそも彼らにとって日本国憲法は、GHQが「日本の弱体化を狙って」つくったものであり、憲法9条で日本は武装解除されたわけですが、それに対して「家制度を否定し個人の尊重を謳った憲法24条」は日本の「精神的武装解除」のための条文だと認識されています（本書39－40頁）。それゆえ、第1章の次の分析、すなわち9条と24条は「「日本弱体化」のための両輪」とみなされ、「軍事的な〝再軍備〟のために必要となるのが9条改憲であり、精神的な〝再軍備〟のために必要なのが24条改憲であるということになる」（本書40頁）という分析は、正鵠を射ていると思われます。

〝日本を戦争する国にするには、家族関係から変えなければならない〟――これが右派改憲論者の、9条改憲と結びつけた24条改憲論の核心であるとすれば、それは、改憲論者なりに24条と9条の密接な関係を言い当てたものだと言えるでしょう。本書は、それとは逆の意味で、憲法24条と9条の結びつきを提示します。

第5章「非暴力平和主義の両輪――24条と9条」は、「9条と24条は互いに補完しあいながら、非暴力を核とする平和主義を支える両輪となっている」(本書134頁)という理解を積極的に展開します。[*9] その前提は、日本国憲法の特徴である平和主義と前文で保障された平和的生存権の「平和」概念を「広く捉える」ことです。つまり、「戦争や武力行使が存在しないことだけ」ではなく、「恐怖」と「欠乏」から解放されていること、「さまざまな形態の暴力や差別、経済的困窮等」を根絶すること、これが「平和」です(本書130―131頁)。

しかし、9条だけではそのような意味での平和＝非暴力な社会をつくることはできません。そのためには、「非暴力な個人を育てること」が不可欠であり、それを可能とするのが「家族構成員間の支配関係を否定し、平等な関係性と個人の尊厳を謳う24条の精神」(本書134頁)だと言います。「非暴力な家族関係が非暴力な個人を育み、それが結果的に非暴力な社会の構築につながる」ということです。「非暴力に基づく平和主義としての憲法24条」は、個々の家族が、暴力を拒否できる人間が育つ場、そうした人間を育てる場、非暴力を学ぶ場、政府の戦争政策に従わない人間を育てる場を求めていると述べます（本書146頁）。

第6章「非暴力積極平和としての憲法の平和主義」も、第5章と同様、日本国憲法の平和主義を「非暴力」の観点から捉え、憲法の平和主義を「非暴力積極平和主義」と呼んで、その意味を掘り下げるものです。同章は、日本国憲法の平和主義の核心を、それが「平和」を「人権」と捉え、いかなる戦力ももたないとしたことにある、という理解を示したうえで、軍事力ではなく非暴力的手段によって、構造的暴力を取り除く国際貢献を先頭に立って行うことを政府に義務づけるのが憲法の平和主義だと論じます。そのような国際貢献活動は、同時に日本の安全を保障する現実的な方法でもあります。それでも他国から軍事的侵害を受けた場合には、非暴力的手段による国際貢献で培った経験を活かし、非暴力的手段で防衛する道を追求すべきだとします。

そのような平和主義の理解は、現在の日本の「常識」からすると突飛で、多くの人に「非現実的」な信念の吐露に聞こえるでしょう。しかし、軍事力では一人ひとりの市民の命や暮らし、自由で民主的な社会を守ることはできないという歴史的教訓と今日も見られる事実（本書149頁）、高度に都市化した現代社会の特質等（本書188注2頁）を見据えた、きわめて現実的な発想――実のところ私たちが生き延びるための唯一の方法――ではないかという問題提起です。

24条「個人の尊厳」の潜勢力

24条のもう一つの斬新な理解を提示するのが**「第4章　日本社会を蝕む貧困・改憲と家族――24条「個人の尊厳」の底力」**です[*10]。同章は、24条の「核心」を、24条の原案を書いたベアテ・シロタさんの条文案にあった「親の強制」の否定と、とりわけ「男性の支配」の否定に見出します。重要なのは、それらは、単に封建的な家制度を否定するという趣旨ではなく、「近代主義的な男性支配の構造をこそ、ベアテ・シロタさんは克服したかった」という指摘です（本書119頁）。近代主義的な男性支配とは、「近代立憲主義の自由と平等を理念とする社会」であっても存在する男女の雇用差別や職場のセクシュアル・ハラスメントなどの、女性が社会的に低く扱われたり、性暴力を受けたりすることです。24条2項に刻まれた「個人の尊厳」は、「抽象的な人一般としての個人ではなく、経済的な力など権力をもった夫とそれに依存、服従させられている妻といった具体的な状況におかれた「個人」の尊厳を謳ったもの」（本書119頁）だと指摘します。

しかし、「いろんな事情でだれかの援助を受けなければ生活できない状況にあるからこそ、いやなことをいやだと言えない立場の人」は「妻」だけには限られません」。障害者や高齢者、子ども、生活困窮者は、「生きるために何らかの援助」を必要とします。会社員だって会社に依存し服従しています。「他者（夫、健常者、会社など）に依存せざるをえない状況にあるからこそ、服従を強いられている人々に自由を保障しようというのが、24条の本質的意義」だと同章は提起します（本書122－123頁）。

24条を評価するうえで問題になりうるのが、同条1項が「婚姻は両性の合意のみによつて成立」するとしていることから、同性どうしの婚姻を禁止しているのではないか、ということです。シロタ原案が「親の強制ではなく相互の（mutual）合意に基づき」となっていたことから、婚姻する当事者に「婚姻の自由を保障する趣旨」（本書94－95頁）であり、同性婚を排除する趣旨ではなかったと言えますが、第4章はさらに踏み込んで、「24条が男性優位の性別二元論を打ち破り、性の多様性を尊重するものだという本質的意義を理解すれば、24条が同性婚を禁止しているなどという解釈は出てくるはずが」ない、と述べます（本書121頁）。

24条をこのように理解するなら、従来の憲法学ではしばしば「居場所なき」（本書109頁）条文であった同条は、25条から続く社会権規定の総則的規定として命を吹き込まれることになります。思い返せば、GHQ民政局の上層部によって削除されたベアテ・シロタさんが起草した条文には、「女性、子ども、（社会的・経済的に）恵まれない集団（underprivileged groups）は、特別な保護を与えられるものとする」（シロタ草案29条2項）という文言がありました。ベアテ・シロタさんが提起したunderprivileged groupsを現代の社会経済状況に即して蘇らせる重要な提起です。

以上、本書の内容を一部紹介しながら、24条と9条の改憲をめぐる現状を確認し、非暴力条項としての24条の重要性、24条の掲げる「個人の尊厳」の力についても触れてきました。ぜひ続く各章をひもといて、24条と9条の危機に対抗する市民のみなさんに本書を役立てていただきたいと願います。

〔注〕

＊1　憲法24条の条文は以下のとおりです。「①婚姻は、両性の合意のみに基いて成立し、夫婦が同等の権利を有することを基本として、相互の協力により、維持されなければならない。②配偶者の選択、財産権、相続、住居の選定、離婚並びに婚姻及び家族に関するその他の事項に関しては、法律は、個人の尊厳と両性の本質的平等に立脚して、制定されなければならない」。

＊2　衆参両院が日本国憲法の憲法改正条項（96条）に従い、憲法改正案を決定し、国民投票に付すことです。

＊3　首相発言は次のサイトで見られます。「憲法改正「２０２０年に施行したい」首相がメッセージ」https://www.asahi.com/articles/ASK534KF0K53UTFK002.html（２０１８年3月22日最終閲覧）。

＊4　24条改憲論について詳しくは、若尾典子「自民党改憲草案24条の「ねらい」を問う」（本田由紀・伊藤公雄編著『国家がなぜ家族に干渉するのか――法案・政策の背後にあるもの』青弓社、２０１７年）、辻村みよ子『憲法と家族』（日本加除出版、２０１６年）３２５－３３３頁、植野妙実子『憲法24条――今、家族のあり方を考える』（明石書店、２００５年）46－80頁、中里見博『憲法24条＋９条――なぜ男女平等がねらわれるのか』（かもがわ出版、２００５年）４－26頁など。

＊5　本書29頁で、改憲派の主張――憲法12条で「国民の自由・権利保持義務」や24条で「夫婦間の協力義務」が記されているのだから、新たに「家族の相互助け合い義務」を追加してもかまわないはずだという主張――が紹介されています。24条のその部分のＧＨＱ草案は「婚姻と家族とは……男性の支配ではなく両性の協力に基づくべき」となっており、その趣旨は夫婦・家族関係における男性支配の否定にありました（本書１１８頁以下）。労使関係や家族関係など一定の社会的な（私人間の）支配・従属関係における構造的弱者の人権保障も憲法に規定するようになった現代憲法に特徴的な規定の一つです。それに対して、改憲派が提起する「家族の助け合い義務」規定はむしろ24条によって否定された家父長制的な（本書79

頁）関係や精神の「復権」をめざすものと目され、とうてい同列には論じられません。また12条の「国民の自由・権利保持義務」の規定は、「人類の多年にわたる自由獲得の努力（struggle）の成果」（憲法97条）である国民の自由・権利は、国民の「不断の努力（endeavor）」（憲法12条）によって――換言すると自由・権利を侵害する政府の行為に対して国民が闘う（struggle）ことによって――保持されるということを説くものであり、「憲法は国家を縛るもので国民を縛るものではない」という近代立憲主義に反するどころかその一部をなす規定です。ですから、12条についても、この規定があるから上記のような「家族の助け合い義務」規定を設けることが正当化されるというものではありません。

＊6　「ワークショップB報告　戦後日本社会における法原理、政策原理としてのジェンダー平等」（『ジェンダーと法』14号、2017年）168頁。

＊7　最高裁判所民事判例集（民集）69巻8号、2586頁、『判例時報』2284号、38頁等。

＊8　鳩山邦夫議員の衆議院憲法調査会（2000年12月16日）での発言。前掲、中里見『憲法24条＋9条』19頁。

＊9　非暴力条項として9条と24条の関連性を評価する文献に、若尾典子『ジェンダーの憲法学――人権・平等・非暴力』（家族社、2005年）150－151頁、君島東彦「「普通の近代国家」を超えるプロジェクトとしての日本国憲法――9条と24条の一体的把握」（福島みずほ編『みんなの憲法24条』明石書店、2005年）、前掲、中里見『憲法24条＋9条』45－49頁。また、フェミニズム理論と批判的安全保障論から、9条と24条の改憲論を分析し、対抗思想を探るものに、岡野八代「フェミニズム理論と安全保障――24条「改正」論議を中心に」（『ジェンダー法研究』4号、2017年）。

＊10　笹沼弘志『臨床憲法学』（日本評論社、2014年）第14章「個人の尊厳――権力と人権の変容」も参照してください。

第1章　右派はなぜ24条改憲を狙うのか？

――「家族」論から読み解く

能川元一

1　改憲論の現状

「安倍メッセージ」の背景

２０１７年５月３日（憲法記念日）、安倍晋三首相は改憲派の集会にビデオメッセージを寄せ、その中で「９条１項、２項を残しつつ、自衛隊を明文で書き込むという考え方は国民的な議論に値するだろう」と発言しました。いわゆる「９条３項加憲」の提案です。

西尾幹二電気通信大学名誉教授が、「自ら動けない日本の防衛の固定化であり、いままでと同じ何もできない自衛隊を永遠化するという、空恐ろしい断念宣言」[*1]と評するなど右派からも異論が出たこの提案は、多くの人には唐突に映ったようです。しかし改憲運動をリードする論者、活動家たちの動向を追いかけていた者にとっては、「９条３項加憲」は「やはり……」と思わされる提案でした。

２０１６年７月の参議院選挙の結果、衆参両院で改憲派が３分の２を超え国会による改憲発議が可能となった直後、右派シンクタンク「日本政策研究センター」の機関誌『明日への選択』９月号に「「三分の二」獲得後の改憲戦略」と題する論考が掲載されました。著者は同センター代表で安倍首相のブレーンと目されている伊藤哲夫氏です。

「三分の二の壁」を突破した高揚感にあふれているかと思いきや、伊藤氏の筆致は慎重です。それは公明党や日本維新の会を含む改憲派の中で、どの条項を変える（もしくは新設する）かについての見解が一致していないからです。「これまで保守派が一貫して主張してきた所謂「占領憲法打破」「戦後レジームからの脱却」といった考え方に立つ改憲は、未だ「三分の二」という条件をクリアできていない、というのがこれまた無視し得ない現状」（19頁）だと言うのです。

そこで伊藤氏が提案するのが、護憲派に「統一戦線」を形成させないための戦略です。「改憲は憲法が謳う平和、人権、民主主義という普遍的価値を否定するもの」という護憲派の主張に反論するのではなく、そうした反論を無意味なものにさせる。それには憲法の既存の規定には手を入れず、不足しているものを補う「加憲」を選ぶのが賢明だ（21頁）、と言うのです。そして具体的な案として伊藤氏があげているものの一つが、まさに安倍メッセージと同じ「憲法第九条に三項を加え、「但し前項の規定は確立された国際法に基づく自衛のための実力の保持を否定するものではない」といった規定を入れること」（22頁）なのです。なお、伊藤氏が、第一次安倍政権のキャッチフレーズであった「戦後レジームからの脱却」という表現を用いていることに留意してください。第4節でも論じますが、家族保護条項を憲法24条に書き加えることは「戦後レジームからの脱却」の一環だと言うのです。

安倍首相がビデオメッセージを送った集会を主催したのは「美しい日本の憲法をつくる国民の会」（以下「国民の会」）と「民間憲法臨調」です。ジャーナリストの櫻井よしこ氏がいずれも代表を務めるこの二つの団体は、改憲を目標の一つとして掲げてきた右派組織「日本会議」が改憲運動のためにつくったものです。櫻井氏とともに「国民の会」の共同代表を務めるのは日本会議名誉会長の三好達《とおる》元最高裁長官と現会長の田久保忠衛《ただえ》杏林大学名誉教授。幹事長の百地章《ももちあきら》国士舘大学特任教授は日本会議の中心的なイデオローグの一人で、事務局長の椛島《かばしま》有三氏は日本会議でも事務総長を務めています。「民間憲法臨調」には代表委員として田久保氏のほか、やはり日本会議のイデオローグである高橋史朗麗澤大学特任教授が参加、百地氏がここでも事務局長を務めています。運営委員として名前を連ねる先の伊藤氏も日本会議の政策委員です。伊藤氏の提案と安倍メッセージの内容が符合しているのが単なる偶然だとは思えません。

改憲運動を主導する日本会議の主張と憲法24条

「『三分の二』獲得後の改憲戦略」にはさらに注目すべき部分があります。9条3項と並んで提案されているのが「緊急事態条項」の新設と「憲法十三条と二十四条を補完する『家族保護規定』を設けること」(22頁)なのです。伊藤氏が岡田邦宏日本政策研究センター所長と小坂実同センター研究部長との共著で2017年の憲法記念日に刊行した『これがわれらの憲法改正提案だ――護憲派よ、それでも憲法改正に反対か?』(日本政策研究センター)でも、やはりこの3点セットが提案されています。

これまで改憲・護憲をめぐる議論の焦点となってきたのは9条でした。代表的な護憲派の運動が「九条の会」と名乗っていることはそうした歴史を象徴しています。改憲派が最も話題にしてきたのもやはり9条です。また本章の執筆時点で、自民党の憲法改正推進本部が検討している項目の中に24条は含まれてはいません。こうした事情をふまえるなら、24条は今後予想される改憲発議の〝本命〟ではない、というのが実情です。しかし24条は「国民の会」が制作したDVD「世界は変わった　日本の憲法は？」でも9条や緊急事態条項と並んで取り上げられています。24条改憲こそ最も優先されるべき課題だと考える論者も少数ながらいます。護憲派に「統一戦線」を形成させないという伊藤氏流の戦術に従って、ターゲットを24条に切り替えてくる可能性は否定できません。

24条に注目すべき理由はもう一つあります。国や地方自治体の施策の中には、24条改憲論の背後にあるイデオロギーに基づくものがすでに入り込んでいる、ということです（その一部については本書の第2章を参照してください）。また政府は2018年1月に「少子化克服戦略会議」の開催を発表しましたが、その座長である松田茂樹中京大学教授と構成員の一人河合雅司産経新聞論説委員は前出の日本政策研究センターから共著で『「少子化亡国」をどう乗り越えるのか』というブックレットを出すなど、日本会議的な24条改憲論にきわめて近い思想の持ち主で、戦略会議の提言にもそうした思想が反映される可能性があります。このような状況の危険性を認識するためにも24条改憲論の論理を理解し、あらためて24条の意義を考え直すことが必要なのです。

以下、第2節では24条にかかわる改憲派の主張を紹介します。2016年からちょっとしたブームともなった「日本会議」本の中でもあまり取り上げられていない論者にも光をあててみたいと思います。第3節では改憲派が護憲派の主張をどのように理解し、どう反論しようとしているかを紹介します。最後に第

4節では24条改憲論を右派の戦後史理解という、より大きな問題の中に位置づけることを試みます。そうすることで、9条改憲論と24条改憲論のつながりを他の章とは別のかたちで示してみたいと思います。

なお、伊藤氏は「改憲」と「加憲」とを使い分けていますが、護憲派の「統一戦線」を阻むための方便に乗っかる理由もありませんので、本章では9条3項や家族保護条項の新設などもすべて「改憲」と呼ぶことにします。

2　24条改憲論の論拠は？

少子化と24条

ここでは前出の『これがわれらの憲法改正提案だ』を中心に、24条改憲派の主張を批判的に紹介したいと思います。同書の24条関連部分は小坂実氏による「憲法に「次世代を育成する」家族保護条項を」と題された章と、共著者3人による討議「家族を否定すれば個人の基盤も壊れる」からなっています。

小坂氏はまず家族を「社会を構成する基本単位」にして「次世代の再生産機能を担う」ものであり、「社会や国家の持続可能性を支える基盤」だと規定します（同書135頁）。次に、いまの日本は深刻な少子化問題を抱えた人口減少社会となっており、このままでは国家と社会の「持続可能性」が危ういという現状認識が示されます。少子化をまずもって「社会や国家」にとっての問題としている点については、あとで立ち戻ることにしましょう。

では少子化の原因とは何か。小坂氏によればその要因は「未婚化」「晩婚化と晩産化」「夫婦の出生力の低下」の三つですが、なかでも最大の要因は「未婚化」だとされます（140頁）。少子化を主として未婚化によって説明することは、婚外子の割合がきわめて少ない日本社会の現状を与件としてしまうことになりますが、その点をひとまずおくならば、少子化の主たる原因が未婚化にあることは24条改憲派と護憲派の間で特に争いのないことだと考えることができるでしょう。

とすれば、問題は未婚化の原因をどう分析するかという点にあります。1990年の「1・57ショック」以降、少子化対策が政府の重要課題となったはずなのに少子化に歯止めがかからなかった（＝未婚化が進んだ）理由は、「第一に、従来の少子化対策の方向性の誤り」、「第二は家族というものに背を向けた教育や運動の影響」であり、この二つはともに「現行憲法に「家族保護条項」がないことと深く関わる問題」だ、と小坂氏は主張します（142頁）。

第一の点に関する小坂氏の主張は、従来の日本政府の少子化対策が、すでに結婚していて共働きを望む夫婦向けのもの（保育所拡充など）にすぎなかった、というものです。つまり未婚化・晩婚化対策や、専業主婦世帯・三世代同居世代の子育て支援が手薄だった、と言いたいのでしょう。

第二の「教育や運動」の具体例としてあげられているのが「ジェンダーフリー教育」（145頁）、「価値観の多様化」や「個人の選択」を重視した家庭科教育（146頁）、「夫婦別姓運動」（147頁）、「同性婚を正当化しようとする動き」（148頁）などです。小坂氏の見立てではこれらすべてに共通するのが家族の価値よりも「個人の尊厳」を重視する思想であり、それが「積極的な結婚・家族形成の支援策に乗り出そうとする政府の動きを阻んで」きた（149頁）、というのです。

育児論からうかがう右派の家族観

右派の提言する家族政策と密接にかかわり、また彼らの家族観をうかがう手がかりの一つとなるのが、育児論です。その核となっているのが「三歳児神話批判」への反撃です。「子どもは三歳までは、常時家庭において母親の手で育てないと、子どものその後の成長に悪影響を及ぼす」という考え方は平成10年度版の『厚生白書』において「三歳児神話」「合理的な根拠は認められない」とされ、いわば公的に斥けられました。

〝子どもが三歳になるまでは母親がつきっきりで面倒を見るべきだ〟という意識は、右派がしばしば主張するような〝伝統的〟なものではなく、日本では高度成長期に形成されたものです。[*2]「三歳児神話」の成立に強い影響を与えたとされるボウルビィ（後出）の研究も最初に発表されたのは1950年代でした。1964年から65年にかけてNHKで『三歳児』という母親向け番組が放送され、番組監修者が翌年出した同名の著作（園原太郎・黒丸正四郎『三歳児』日本放送協会、1966年）は78年までに50刷を重ねたとのことです。小沢牧子氏は「三歳」への強い関心が、労働力再生産のために政策的につくられていったことを指摘しています。しかしその結果として、保育所を利用しながら働く母親は〝子どもを犠牲にしているのではないか？〟という罪悪感を植えつけられることになります。

「三歳児神話批判」は家庭外で働く母親を罪悪感から解放するだけではなく、夫からは〝子育ては妻に任せておくのがよい〟とする口実を、社会からは公的な育児支援を怠る口実を奪ったと言えます。その意義の大きさは本書の読者の方々にとっては、あらためて強調するまでもないでしょう。

しかし右派は「三歳児神話批判」やそれに依拠した子育て支援政策を攻撃してきました。先の小坂実氏は『明日への選択』２００４年７月号の「家族と母性に根ざした少子化対策への転換を」において、「子育てと仕事の両立」支援を中心とした少子化対策は効果がないばかりでなく、「母性や家族の絆を弱め」るものだと批判しています（19頁）。政府の少子化対策は「安価な女性労働力を欲する経済界と、専業主婦や家族の解体を意図するフェミニストの隠れた目的」を達成しようとするものにすぎない（18頁）、と言うのです。

日本会議系のイデオローグのうち、育児論におけるリーダー的な存在なのが小児科医で日本会議北海道の理事長である田下《たしも》昌明氏です。先の小坂氏とともに、２０１６年からちょっとしたブームとなった一連の日本会議本においてほとんど無視されている人物の一人ですが、日本会議の機関誌『日本の息吹』で育児論の連載を行うなど、その影響力は軽視できません。その田下氏が依拠しているのがイギリスの心理学者ジョン・ボウルビィ（１９０７〜１９９０年）によって提唱された「アタッチメント（愛着）理論」です。

「アタッチメント」とは、育児という文脈においては、安全や安心に対する〝本能的〟な欲求に由来する、乳幼児の養育者に対する絆を指します。そして安定したアタッチメントの形成が子どもの成長にとって重要であるとされます。ボウルビィのこうした主張を根拠として、田下氏は生まれてから三歳までを「たえず身近にいる相手として母親を必要とする時期」[*3]だとしています。つまり「三歳児神話」は「神話」ではなく科学的な事実だ、と主張しているわけです。

しかしながら、田下氏はアタッチメント理論をきわめて恣意的に援用しています。あたかもアタッチメントの対象は母親でなければならず、しかもアタッチメントの形成に失敗した場合にはとりかえしのつかない悪影響が出るかのように印象づけているのです。[*4]

こうした「三歳児神話」批判への反撃が、結果として「外で働く夫＋専業主婦＋子ども」という世帯をあるべき家族のかたちとする家族観と結びついていることは、明白でしょう。

24条改憲論の問題点

先の「家族と母性に根ざした少子化対策への転換を」において小坂氏は、ノルウェーやフィンランドの在宅育児支援策（保育所を利用せずに育児を行うことを選んだ親への支援制度）を取り上げて、あたかも「三歳までは母の手で」というイデオロギーがこれらの政府によりお墨付きを得ているかのように主張しています（19－20頁）。しかし言うまでもなく、両国の在宅育児支援は多様な子育てのあり方、多様な家族のあり方を支える政策の一環として、採用されているものです。これに対して「三歳児神話」には、女性に特定の生き方を強いるという負の機能があります。両国の在宅育児支援策は「三歳児神話」復権の根拠にはなりません。

政府の子育て支援策や男女共同参画政策が「女性の権利」という要請だけでなく経済界の要請にも規定されていることは、小坂氏の指摘するとおりです。しかし男女の賃金格差や長時間労働などの改善を阻む財界の論理がどれほど子育てに厳しい環境をつくりだしているのかについては、真剣に検討しようとしません。仕事と子育ての両立に対する支援はすでに十分なのに少子化が止まらないのは、戦後改革やフェミニズムが「母性の価値」を貶めてきたからだ、というのが右派の共通認識だからです。

しかし幼児教育・保育の無償化を公約として総選挙を戦ったばかりの安倍政権が、選挙後にはあっさり認可外保育施設を対象から外すことを検討している、と報じられたのは記憶に新しいところです（本章執筆時点）。この件が象徴するように、日本政府の子育て支援策は右派が考えるように十分なものであるどころか、〝出し惜しみ〟のせいで中途半端なものに終始してきたというのが実態でしょう。

小坂氏は、日本政府の家族政策に対する支出が国際比較で低い水準にあることについてはたびたび言及しています。しかしシングルマザー世帯の貧困という深刻な問題については、「「母子世帯の貧困」の最大の原因は何と言っても「母子世帯」になったことにある」「その最大の要因は離婚の増加である」と〝分析〟し[*5]、男女の賃金格差、とりわけ女性に多い非正規雇用、養育費の未払いといった問題は看過されています。この事実は、24条改憲派のもくろみどおりに「家族保護条項」が新設されたとして、その「保護」の内実がどのようなものであるかを推し量る手がかりとなります。右派の主導で家族政策への支出が増えたとしても、それは特定のライフスタイルのみを優遇するものになってしまうのではないでしょうか。

3　改憲派は護憲派をどう見ているか

三つの反論

2016年9月、24条改憲論への危機感から発足した「24条変えさせないキャンペーン」のキックオフ・シンポジウムが開催されました。呼びかけ人のなかに本書の執筆者のうち3人（中里見、打越、清末）が含まれ筆者も賛同人として加わっているこのキャンペーンは幸い（?）にも伊藤氏や小坂氏ら24条改憲派の注意をひくことに成功したようで、前出『これがわれらの憲法改正提案だ』の「改正反対論への反駁3」などでは同キャンペーンを意識した彼らなりの反論が展開されています。ここではそうした反論を検討することをつうじて、24条改憲派のロジックを掘り下げてみたいと思います。

まず興味深いのは、24条改憲反対論について「一般的に家族保護条項と言われるものの中身（中略）自体に対する批判というのは実はほとんど見当たらない」（161頁）という認識が示されている点です。つまり反対派のターゲットは自民党が2012年に作成した改憲案の「家族は、互いに助け合わなければならない」という文言であり、自民党の改憲案には相互扶助義務規定はあっても家族保護条項がないから「福祉切り捨て」という批判を許してしまっている、と言うのです（164－165頁）。24条改憲論への批判をむしろ家族保護条項新設へのテコにしようという、なかなかしたたかな姿勢です。[*6]

相互扶助義務規定にかかわる反論はもう一つあります。「憲法というものは国家を縛るもので国民を縛るものではないという、例の朝日流の独特の憲法観、立憲主義観」（163頁）と彼らが考える立場からの批判への反論です。憲法12条[*7]や、婚姻が夫婦「相互の協力により、維持されなければならない」とする24条の規定は国民に義務を課しているのだから、あらたに家族の相互扶助義務を定めてもかまわないではないか、というのです。

具体的な論点についての反論はもう一つあります。自民党の24条改憲案が「家制度の復活」をもくろんでいるというのは「悪質なデマ宣伝」（166頁）であり、「家制度廃止の根拠となったのが二十四条なので、その改正は家制度の復活を意味するんだと、実に短絡的、憶測的に結びつけているだけ」（167頁）だとされています。

家族「保護」の内実は？

こうした反論で私たちの懸念は払拭できるでしょうか？

まず一点目について。本章では「家族保護条項と言われるものの中身」、とりわけ改憲派が「保護」ということで何を考えているのかを問題視しました。彼らの考える家族保護条項が「福祉切り捨て」への歯止めになるか、大いに疑問です。なぜなら福祉、とりわけ子育て世代への経済的な支援について彼ら自身が実に冷淡な態度を常々示しているからです。

シングルマザー世帯の貧困について小坂氏が「その最大の要因は離婚の増加」だと〝分析〟してみせたことについては前節で述べました。百地章氏が監修した改憲キャンペーンのためのブックレット『女子の集まる憲法おしゃべりカフェ』（明成社、２０１４年）では「今の日本は、シングルマザーなど片親世帯への支援が、家族を持っている人たちへの支援に比べて多い」という驚くべき認識が示されています（30頁）。「今の時代、家族とか地域のつながりが薄くなったせいで、何か困ったことがあってもすぐに生活保護とか、国や政府に頼るしかない」（29頁）ともされており、ここから〝社会保障に頼らず家族同士でなんとかしろ〟というメッセージを読み取るな、と言われても困ってしまいます。

やはり前節で取り上げた田下昌明氏は「少子化対策でお金を出したら子供を産むかというと、多少は喜ばれるかも知れませんが、遊興費に使われるのが精いっぱいです[*8]」とまで言っています。また、「政府のやっている少子化対策は金銭的な面だけ」だと従来の少子化対策を批判し、必要なのは「お母さん、ありがとう」「日本、大好き」という気持ちだと主張しています[*9]。

高齢者介護について見てみると、たとえば百地章氏は自民党の山谷えり子衆議院議員、高池勝彦現「新しい歴史教科書をつくる会」会長との『正論』誌上の鼎談において、「老人介護も――今は全部外注みたいになっていますが――家族で出来るだけのことはやってみる。国は家族を支援するという発想があって良いのです」と言います[*10]。「介護離職」が社会問題化しているなかで、「今は全部外注みたい」という認識のもと、家族の役割が強調されているわけです。

もう一例あげておくと、2012年、日本会議新潟県本部阿賀北支部主催の講演会で八木秀次高崎経済大学教授（当時）は、生活保護の予算が3兆7000億円に達していることにつき、「経済状況が悪いからではありません。国民の間でモラルハザードが起きているからです」と発言しています[*11]。貧困という社会問題を「モラルハザード」という概念で捉えようとする姿勢には、少子化を「家族の絆」「母性」などの問題として捉えようとする姿勢につうじるものを感じます。

そもそも、憲法に家族保護規定がないからといって、政府が子育て世帯に手厚い経済的支援を行うことが憲法上禁じられているわけではありません。また憲法25条が「すべて国民は、健康で文化的な最低限度の生活を営む権利を有する」と定めているにもかかわらず生活保護の捕捉率がきわめて低いことを考えると、24条に家族保護規定を加えたからといって家族への経済的な支援が着実に行われるという保証もありません。しようと思えばいますぐにでもできるはずの経済支援をしようとしない、させようとしない保守・右派の24条改憲論が「福祉切り捨て」ではないと言われても、とうてい額面どおりに受け取ることはできません。

では彼らが家族を「保護」すべきだと言うとき、その「保護」はいったい何を意味しているのでしょうか？　百地氏監修の前出『女子の集まる憲法おしゃべりカフェ』は24条について「残念ながら両性の「合意のみ」によって成立した結婚は「合意のみ」によって気軽に破局を迎えやすいものです」としています（30頁）。百地氏自身も先の鼎談において、現24条について「合意のみで簡単に離婚できてしまうということでもある」（333頁）と発言しています。月刊誌『正論』2016年4月号のアンケートで「これだけはなんとしても改正すべき、あるいは創設すべき」憲法の条項についての設問に「24条」と回答している勝岡寛次明星大学戦後教育史研究センター研究員も、「結婚が「両性の合意のみに基づいて成立」するなら、親の意見などは端から無視して差し支えない、「両性の合意」がなくなれば、いつでも解消していいという〝離婚の勧め〟にもなりかねません[*12]」としています。2012年の自民党改憲案が24条の「婚姻は、両性の合意のみに基づいて成立し」から「のみ」を削除していることをふまえると、24条改憲派が家族を〝保護〟するということで想定しているのは、たとえば〝離婚へのハードルを上げる〟といったことなのではないかと考えたとしても、けっして穿ちすぎとは言えないはずです。

「家制度復活」ではないか？

24条改憲の目的は「家制度の復活」ではない、という『これがわれらの憲法改正提案だ』の反論についてはどうでしょうか？

もし「家制度の復活」を、戸主権を含む大日本帝国憲法、旧民法下の家族制度をそっくりそのまま復活させることと理解するなら、なるほど24条改憲派にもさすがにそのような主張をする論者は――少なくとも影響力の大きな論者に限れば――見受けられません。しかし24条改憲論が家制度への郷愁と結びついているのではないかと疑いたくなるような発言は、現に改憲派の人々が行っています。たとえば2016年4月26日に月刊誌『正論』の主催で開催されたシンポジウム「今こそ、憲法改正のとき」における百地氏の発言を、『産経新聞』2016年5月3日朝刊は次のように報じています（傍点――引用者）。

> 道徳という観点でみると、明治憲法下では教育勅語があったが、現在はなく、憲法に頼っている部分がある。その憲法の価値観は個人をもとにするもので、家族や国家を軽視する傾向がある。例えば家族についてですが、24条では「両性の合意にもとづく」と記述されていますが、いわば人為的な家族、横軸のみです。先祖からの命の流れによる家族、この縦軸については触れていない。これを受けて民法が改正され、かつての家族制度は否定されてしまった。家族を国の手で保護していくことが大事で、この面でも憲法改正は必要なのです。

「かつての家族制度は否定されてしまった」ことが「家族を国の手で保護していくこと」の必要性と結び付けられています。また、高橋史朗氏も著書『「日本を解体する」戦争プロパガンダの現在――WGIP《ウォー・ギルト・インフォメーション・プログラム》の源流を探る』（宝島社、2016年）において、現行憲法の24条が日本側の強い抵抗を排して「押し付け」られた経緯を記述したのちに、改憲運動は「本来の「日本人の伝統的国民精神」を取り戻す国民精神復興運動でなければならない」（269頁）と主張しています。文脈から言ってこの「伝統」が大日本帝国憲法、旧民法の時代を指すことは明白ですから、家制度そのものはともかくとして、その「精神」を復興させるのが24条改憲の狙いだと理解するのが「短絡的、憶測的」だとは言えないでしょう。

「家制度」のエッセンスを「戸主権」と「家督相続」であるとし、「憲法に家族保護条項を加えても、戸主権と家督相続は復活できない」と反論している小坂実氏は、家族保護条項＝家制度の復活という批判を「家制度に対して多くの日本人が抱く漠然とした負のイメージを利用して、家族保護条項を貶める」ものだとする一方、「戦後の日本では「家制度＝封建遺制＝悪」というきわめて短絡的かつイデオロギー的な見方が流布されてきた」ともしています。[*13] 家制度にも見るべきものがあったと考える人々が家族保護条項の新設を主張している、という事実は軽視できません。

残るは憲法の機能、目的にかかわる『これがわれらの憲法改正提案だ』の反論です。24条が夫婦の協力義務規定だとする解釈については、彼ら自身もそれが通説的な理解でないことを認めていますので（163頁）、特に反論しておく必要もないでしょう。12条の規定については、仮に彼らの条文理解をそのまま採用したとしても、それが直ちに憲法の基本的な役割が〝国民ではなく国家を縛る〟ことにあるという憲法観への反論になってはいないことを指摘するにとどめたいと思います（序章注5を参照ください）。

社会か個人か？

さて、具体的な論点三つについての右記のような反論に加えて、小坂氏らが『これがわれらの憲法改正提案だ』で強く意識している24条改憲案への批判は、「個人の尊重」という理念の否定であるというものです。第2節でも触れたように、24条改憲論者は少子化を〝個人の幸福追求のために子どもをもちたいと望む人々がその望みを実現できないという問題〟としてではなく、社会や国家の存立を脅かす問題として捉える傾向があります。とはいえ、彼らの認識では戦後の日本人は「個人の尊重」「個の尊厳」ばかりを刷り込まれてきたということになっていますから、そうした理念を否定していると思われるのは得策ではないと考えているのでしょう。

そこで彼らが強調するのが「個人や個人の権利が大切だと言ったって、逆にその個人が生きていく社会が再生産されていくことがなければ、その個人の根底が崩れる」（156頁）という論法です。家族は社会の再生産についての「一番の保証」（同前）であり、また「社会を構成する最も基本的な単位」としての家族は「社会の健全性」を保つのにも重要である、とされます（158頁）。

少子高齢化の進行で日本社会の先行きに不安を感じている人々は少なくないと思われます。そうした不安をさらに煽るかのように、右派の24条改憲論、少子化論には「非常事態」[*14]「静かなる有事」[*15]といった文言が踊ります。安倍晋三首相が2017年の解散総選挙にあたって少子高齢化を「国難」と呼んだことも記憶に新しいところです。このような情勢下では「個人が生きていく社会が再生産されていくことがなければ、その個人の根底が崩れる」というレトリックはかなりの訴求力をもつのではないかと思われます。

問題は、そうしたレトリックが〝少子化の原因は家族の価値を否定する憲法24条にある〟という認識を前提としているところです。

ここであえて、安倍政権が政策目標として打ち出した「希望出生率」という概念を引き合いに出してみたいと思います。平成28年版の『少子化対策白書』によれば、「希望出生率」すなわち「若い世代における、結婚、子供の数に関する希望がかなうとした場合に想定される出生率」が1・8であるとされています（「結婚の希望」をもつ未婚者が9割、夫婦の予定子ども数が2・07人）。現憲法下で、家族の大切さを教えられず「個人の権利」「個の尊重」ばかりを教えられて育ったはずの若者たちが自分自身の「幸福追求」を妨げられなければ、出生率は1・8になるはずだということになります。ちなみに同年の白書に記載されている2014年の合計特殊出生率は1・42です。少子化対策としての具体的な効果が定かでない家族保護条項の新設より、優先して取り組むべき課題は明白なのではないでしょうか。

4　右派の戦後史理解と改憲論

24条改憲論と9条改憲論を結ぶもの

24条改憲派の多くに共通しているのは、「行き過ぎた個人主義」が非婚化・少子化の原因であるという認識です。たとえば高橋史朗氏は「未婚化を一気に推進した主因」の源泉を「個人主義的イデオロギー」

に求め（高橋前掲書、２７６頁）、百地章氏は「「家族」の大切さを謳うことで、行き過ぎた個人主義も改まり、国民の意識もきっと大きく変わっていくはず」（前掲鼎談、３４３頁）としています。『産経新聞』における代表的な少子化論者の河合雅司氏も「憲法24条によって誰と結婚するかが個人の判断となると、「結婚しない自由」が当然のように語られるようになり、行き過ぎた個人主義ともつながった」「家族を「個人」の集合体と考える人たちの登場は、現在の未婚・晩婚と無関係ではなく、少子化にもつながっている」としています。[*16] そしてこの「行き過ぎた個人主義」をもたらしたのは占領期にGHQが日本に強いた諸改革（現憲法もその一つ）だとされます。したがって、24条改憲案の家族保護条項は「「行き過ぎた個人主義」に対するある種の抑制原理としての意味もある」（『これがわれらの憲法改正提案だ』１５３頁）ということになるわけです。

占領期に強いられた改革を今日の日本が抱える問題の根源だとする発想は右派の間ではきわめて一般的であり、教育、安全保障などさまざまな問題領域において繰り返し用いられています。右派が重視する諸アジェンダは「敗戦により強いられた不本意な変化」という通奏低音によって互いに結びついていると言ってもよいでしょう。『これがわれらの憲法改正提案だ』でも、伊藤氏が現行憲法には「最も根本であるはずの「国家」と「日本」が欠落している」としたうえで、次のように述べています（15頁）。

これは端的にいえば、まさに占領政策に淵源する問題だと言えます。この憲法は占領政策遂行の一環として作られたわけですが、当然ながら、そうした占領政策の影響をストレートに受けたというか、むしろその帰結そのものがこの憲法となった、という問題があるわけです。

本章で取り上げてきた改憲派イデオローグたちの現行憲法への不満は、「国家観」と「家族観」が書き込まれていない、という点に向けられています。百地章氏は「日本国憲法に決定的に欠けている価値観、これは国家観と家族観です」としたうえで、「個人の尊重ばかりが強調され、国家や家族に対する意識がどんどん希薄になって」おり、それが「家族の崩壊」を招くとともに、「外敵からの侵略を防ぎ、国内の治安を維持し、国民の生命、財産を守る」という国家の役割を果たすうえでの障害となっている、としています。[*17]『これがわれらの憲法改正提案だ』が取り上げている緊急事態条項、9条、24条の3点セットは、右派のイデオロギーにおいてこのようなかたちで結びついているのです。[*18]

ＧＨＱ陰謀論

少子高齢化のような、現代の日本社会が直面している問題をＧＨＱが主導した戦後改革に起因するものと考える右派の論調は、しばしば「ＧＨＱ陰謀論」とでも言うべきかたちをとります。

前出の河合雅司氏は日本の少子化を「政府が政策的に引き起こした〝人災〟」であるとし、その背後には「連合国最高司令官総司令部（ＧＨＱ）による巧妙な仕掛けがあった」としています。[*19] 百地氏も24条に家族保護条項が盛り込まれなかった経緯について語ったうえで「ＧＨＱは日本の弱体化を狙って憲法をつくったのですからもともと欠陥や不備だらけです」としています。[*20]

右派の論者の中でも代表的なＧＨＱ陰謀論者は高橋史朗氏です。[*21] アジア・太平洋戦争期にアメリカ軍が対日戦略、占領政策を策定するために『菊と刀』で著名なルース・ベネディクトなどの人類学者を動員したことはよく知られています。高橋氏はそうした研究の結論について次のように主張します（高橋前掲書、１００−１０１頁。なお、ゴーラーからの引用について高橋氏は出典を示していません）。

憲法と教育基本法の男女平等規定に共通する思想的背景には、男性が女性を支配している男尊女卑の家族制度や家庭に対する偏見がある。

〔ジェフリー・〕ゴーラーは日本の侵略戦争を「性差別の社会化」と捉え、幼児期のトイレット・トレーニングなどによって強制された「男性優位と女性の受動性、従属のパターン」が「成人に達した日本人によって民族国家の世界にまでも拡大」され、「型にはまった規範によって閉じ込められていた欲求不満と憤怒が、海外の敵に対してすさまじい凶暴性を帯びて爆発したものである」と、早期の家庭教育と侵略戦争を関連付けている。

こうした研究によって「日本人の本性に根ざす伝統的軍国主義」（同書１４３頁）という誤解を植えつけられた米国・米軍要人が日本の「精神的武装解除」を狙って実行したのがＧＨＱによる戦後改革だというのです。高橋氏は田下氏と並んで育児について積極的に論じている右派論壇人の一人ですが、その育児法についても「伝統的子育てが侵略戦争の原因だ」という認識に基づいた戦後改革が行われたために、伝統的子育てが否定されることになった、としています。[*22]「家制度を否定し個人の尊重を謳った憲法第24条」

（高橋前掲書、264頁）も「精神的武装解除」のためにつくられた条項だということになります。

右派にとっての9条改憲と24条改憲のつながりは、このようなGHQ陰謀論において最も明確に現れてきます。軍事的武装解除のための9条と精神的武装解除のための24条は「日本弱体化」のための両輪であったというのですから、軍事的な〝再軍備〟のために必要となるのが9条改憲であり、精神的な〝再軍備〟のために必要なのが24条改憲であるということになるわけです。

さらに注意しておきたいのは、本章で取り上げてきた論者やメディアの多くは、アジア・太平洋戦争の侵略性や旧日本軍の戦争犯罪を否認しようとする歴史修正主義の運動においても主導的な役割を果たしている、という点です。[*23] 〝大東亜戦争は侵略戦争ではない〟という歴史認識は、GHQの戦後改革を否定する動機を支える柱となっています。さらに彼らは旧日本軍の〝名誉回復〟が自衛隊の積極的な活用のために必要だと考えており、この点でも歴史修正主義と改憲運動とはつながっているのです。


本章では改憲派の中でも24条改憲に強いこだわりをもつ論者たちの主張を紹介してきました。と同時に、24条の理念を護ることが憲法の他の条項を空洞化させないために必要であることについても、簡単にではあれ示すことができたかと思います（この点については第4章123頁も参照してください）。第3節への補足として指摘しておきたいのは、『正論』や『明日への選択』で少子化対策について寄稿し、安倍政権の三世代同居世帯優遇政策にも影響を与えている加藤彰彦明治大学教授が座長を務める「均衡ある人口基盤の強靭化へ向けた対策検討ワーキンググループ」（一般社団法人レジリエンスジャパン推進協議会）がまとめた緊急提言[*24]が、「第25条の個人の生存権（社会福祉・社会保障・生活保護等）を実質的に担保している「家族」の再生産の権利（いわば「家族の生存権」）を保障する」ために家族保護規定の導入を提言している点です。24条改憲によって25条が実質的に骨抜きにされてしまうのではないか、と危惧せざるをえません。2章以降とは逆に改憲派の視点について紹介してきた本章を、本書全体のテーマである24条と9条が体現している理念について、読者の方々があらためて考える一つのきっかけとしていただければありがたく思います。

〔注〕

＊1　「思考停止の「改憲姿勢」を危ぶむ　評論家・西尾幹二」（『産経新聞』2017年6月1日、東京本社版朝刊）。

以下、本文中に文献名が明記されている場合には、出典は注ではなく引用文のあとに頁数を記して示すことにします。

＊2　「三歳児神話」に関する記述は以下の文献によりました。

大日向雅美「母性概念をめぐる現状とその問題点」（江原由美子ほか『新編　日本のフェミニズム　5　母性』岩波書店、2009年）。小沢牧子「乳幼児政策と母子関係心理学――つくられる母性意識の点検を軸に」（同前書）。坂東眞理子『日本の女性政策――男女共同参画社会と少子化対策のゆくえ』（ミネルヴァ書房、2009年）。

＊3　田下昌明『真っ当な日本人の育て方』（新潮選書、2006年）97頁。

＊4　この点については次の拙稿も参照してください。能川元一「育児論にみる右派のイデオロギー」(『女たちの21世紀』アジア女性資料センター、№92、２０１７年)。

＊5　小坂実「若手官僚諸君！　なぜ「家族」に目を向けないのか――『不安な個人、立ちすくむ国家』を読む」(『明日への選択』２０１７年8月号) 18頁。また以下でも同様な記述をしたうえで「不必要な離婚を減らす」ために「離婚の待機期間を一年に延長」することなどを「対策」として提言しています。小坂実「子供の貧困と経済成長への根本的「処方箋」――米シンクタンク・ＡＥＩレポート「強い家族、反映する国家」を読む」(『明日への選択』２０１６年４月号) 19－20頁。

＊6　この発言をしている小坂氏は『明日への選択』２０１７年12月号の「家族保護条項反対論の「逆説」」において、護憲派の批判の中には「家族保護条項の論拠の補強に役立つような」ものもある、とも述べています (18頁)。

＊7　「この憲法が国民に保障する自由及び権利は、国民の不断の努力によつて、これを保持しなければならない。又、国民は、これを濫用してはならないのであつて、常に公共の福祉のためにこれを利用する責任を負ふ」。

＊8　田下昌明「子供は国の宝、地域社会の宝」(『生命の教育』２０１７年４月号) 21頁。原文のルビを省略。

＊9　田下昌明『「子育て」が危ない――間違いだらけのフェミニズム「子育て」論』(日本政策研究センター、２００２年) 36頁。

＊10　百地章・山谷えり子・高池勝彦「家族保護条項なくして国栄えず」(連続改正提言　日本を蝕む憲法「10の桎梏」　その4、『正論』２０１４年8月号) ３３５頁。

＊11　八木秀次「憲法改正こそ日本再生の核心である――生活保護不正受給もメッタ切り」(『財界にいがた』２０１２年8月号) １５４頁。

なお同じ講演で、「国民の三大義務」に「国防の義務」が含まれず代わりに「勤労の義務」が入っていることや憲法25条は「社会主義的な規定」であり、「日本の国柄をしっかりと捉えること」と「社会主義的な条文を改めて」ゆくことが大事である、とも八木氏は主張しています。「国民の生命と自由、財産を守り、幸福追求を保障する」よりも「場合によっては国民自らが、生命、自由、財産、幸福を犠牲にしなければならない」側面のほうが重要である、と言うのです（157頁）。右派の家族論と反共主義の結びつきについては、いずれあらためて考察してみたいと思っています。

＊12　勝岡寛次「〝日本国憲法〟の問題点㉗　各党の憲法草案を見る（その五：家族条項）」（『生命の教育』2017年11月号）25頁。原文のルビを省略。

＊13　前掲、小坂「家族保護条項反対派の「逆説」」21頁。

＊14　小坂実「出生数100万割れの「非常事態」」（『明日への選択』2017年2月号）。河合雅司「国家非常事態、いまこそ「産めよ殖やせよ」だ」（『正論』2013年2月号）。なお後者は第二次安倍政権の成立を見越して組まれた「強い日本へ——さらば「心の戦後レジーム」」と題された特集に含まれています。右派の「戦後レジーム」へのこだわりについては第4節を参照してください。

＊15　河合雅司・松田茂樹『「少子化亡国」をどう乗り越えるのか』（日本政策研究センター、2013年）3頁。

＊16　「【人口戦】日本の少子化は「人災」だった（下）いまだGHQの呪縛」（『産経新聞』2016年2月9日、東京朝刊）。

＊17　櫻井よしこ・佐伯啓思・百地章「国家観喪失者たちの虚妄を撃つ」（連続改正提言　日本を蝕む憲法「10の桎梏」　その9、『正論』2015年12月号）60頁。

＊18　9条改憲と24条改憲の結びつきは、このような理念的なレベルだけでなく、もう少し具体的なレベルで

も主張されています。たとえば小坂氏は「自衛隊、警察、消防といった若い力が必要な任務に就く優秀な若者が減っていけば、確実にわが国の安全と治安は内部崩壊する」としています（前掲、小坂「家族と母性に根ざした少子化対策への転換を」16頁）。

＊19　河合雅司『日本の少子化百年の迷走――人口をめぐる「静かなる戦争」』（新潮選書、２０１５年）6頁。

＊20　前掲、百地・山谷・高池「家族保護条項なくして国栄えず」３４３頁。

＊21　ＧＨＱが検閲などをつうじて、旧日本軍の侵略戦争や戦争犯罪に対する罪責感を抱かせるべく「洗脳」工作を行った、とする高橋氏の主張については、以下の拙稿を参照ください。能川元一「〝歴史戦の決戦兵器〟、「ＷＧＩＰ」論の現在」（塚田穂高編著『徹底検証　日本の右傾化』筑摩選書、２０１７年）。

＊22　高橋史朗「日本を取り戻す――未来への架け橋、教育再生を」（『天使のほほえみ　会報』第26号、２０１３年）４頁。なお「天使のほほえみ」は「母体保護法改正、生命の尊厳、出生の意義・使命の普及」を理念とする、いわゆるプロライフ派の運動体です。

＊23　「歴史戦争」と称する、右派メディアや右派団体の近年における歴史修正主義運動については次を参照してください。山口智美・能川元一・テッサ・モーリス－スズキ・小山エミ『海を渡る「慰安婦」問題――右派の「歴史戦」を問う』（岩波書店、２０１６年）。

＊24　http://www.resilience-jp.org/20160422143844/（２０１８年3月19日最終閲覧）。

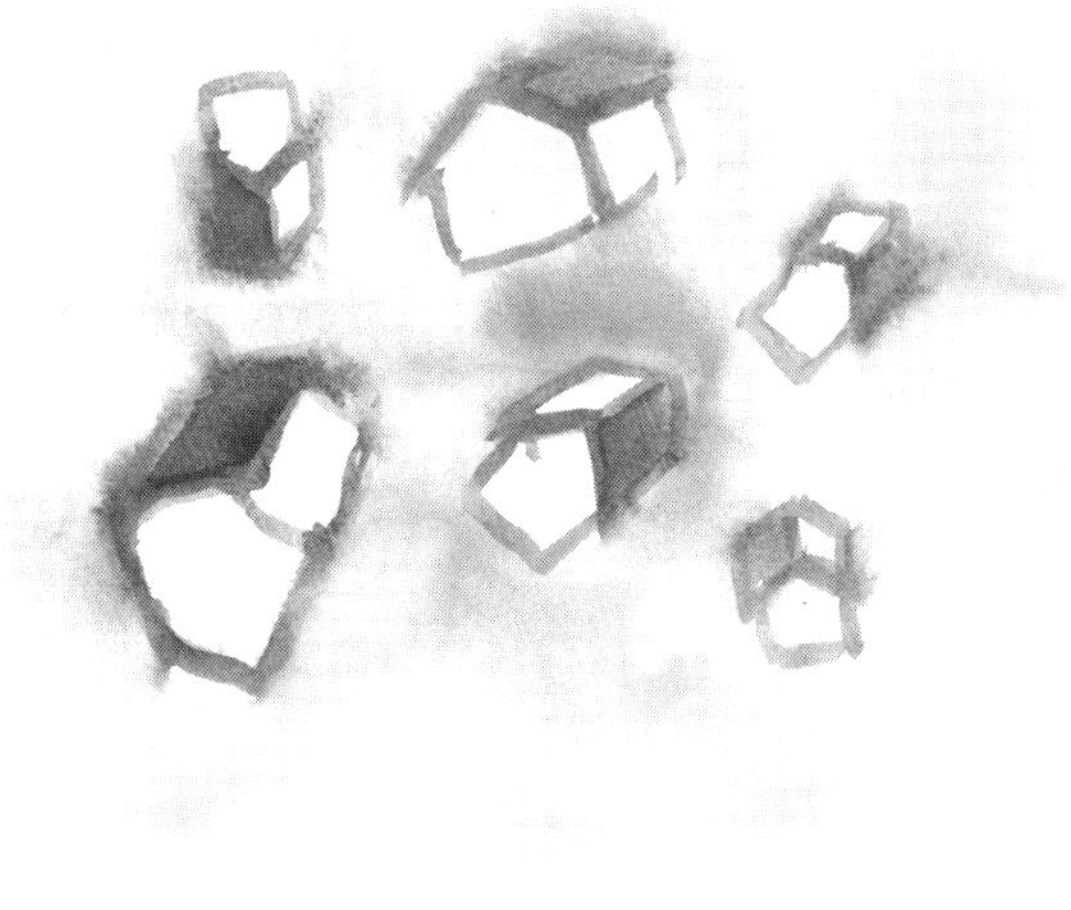

第2章　家庭教育支援法の何が問題なのか？
——24条を踏みにじる国家介入

打越さく良

24条改憲の先取りとしての家庭教育支援法案

２０１６年、自民党内で家庭教育支援法案がまとめられていると報じられました。いまなお上程されていませんが、国家が家庭を「支援」するといううるわしい装いをもつこの法案は、必要性自体が疑わしく、各地ですでに始まっている家庭教育支援条例の制定の動きとともに、憲法24条「改正」の先取りと懸念されます。

本章では、まず、家庭教育支援法案の内容と問題点を検討したうえで（第1節）、教育基本法「改正」の狙いと問題点にさかのぼり（第2節）、すでに各地で制定されている家庭教育支援条例が家庭教育支援法案に類する問題点があることを指摘し、また法案の露払いとも言える文部科学省などの動きを見ていきます（第3節）。他方で、子どもの権利条約が掲げる父母の養育責任および国の援助は、家庭教育支援法案の掲げる父母等の責任や国のあり方とは異なることを明らかにします（第4節）。最後に、戦前、母親を国家の管理に取り込み、家庭教育が学校と同様に天皇制秩序のもと「皇国民錬成」を営むよう方向づけられたことを振り返ります（第5節）。戦時下で親子の情愛すら否定され、「私」を捨て去り天皇に対する忠誠を果たすため命も惜しまない「赤子」を捧げることになった時代を思い起こせば、個人を尊重し多様性を肯定するのではなく、多様性を否定し特定の家族観を強調して、その家族における構成員の責任を強調する動きには、警戒すべきことが理解いただけるでしょう。

1　支援という名の家庭統制

法案の概要

まず、家庭教育支援法案[*1]の概要を紹介します。この法案は、「家庭をめぐる環境の変化に伴い、家庭教育を支援することが緊要な課題となっている」としたうえで、「教育基本法の精神にのっとり、家庭教育支援に関する施策を総合的に推進すること」を目的とします（1条）。そして、基本理念（2条）において、家庭教育を「父母その他の保護者（以下「保護者」――引用者）の第一義的責任」と位置づけ、家庭教育支援について、「保護者が子に生活のために必要な習慣を身に付けさせるとともに、自立心を育成し、心身の調和のとれた発達を図るよう努めることにより行われるものであるとの認識の下に行われなければならない」（2条1項）、「家庭教育を通じて、父母その他の保護者において、子育ての意義についての理解が深められ、かつ、子育てに伴う喜びが実感されるように配慮して行わなければならない」（2項）、「国、地方公共団体、学校、保育所、地域住民、事業者その他の関係者の連携の下に、社会全体における取組として行われなければならない」（3項）としています。そのうえで、家庭教育支援に関する国の責務、地方公共団体の責務、学校または保育所等の設置者の役割、地域住民等の役割、関係者相互間の連携強化、財政上の措置、国による家庭教育基本方針の制定、地方公共団体による基本方針の制定、国および地方公共団体による学習機会の提供、人材確保、啓発活動等を定めています。

この法案の何が問題なのでしょうか。まず、そもそも立法が必要とされる根拠（立法事実）に疑問があります。

家庭教育の支援は緊要な課題なのか？――法の前提への疑問

法案の1条で、①同一世帯に属する家族の構成員の数の減少、②家族と共に過ごす時間の短縮、③家庭と地域社会との関係の希薄化など、家庭をめぐる環境の変化により家庭教育の支援が緊要な課題だとしていますが、いずれも実証性に欠けます。

たとえば①は、いわゆる核家族化を指したものだと思われます。核家族化が「家庭の教育力の低下」を招いたという言説は、何十年も前から繰り返されているので、つい「そうらしい」と思いそうになってしまいます。しかし実は、総世帯数が増加している中で核家族の世帯数が増加したのは事実ですが、核家族世帯が全世帯に占める割合には大きな変化はなく、しかも1990年代以降は、その数も割合も低下しているのです。[*2] また、核家族が増え三世帯家族が減ると家庭の教育力が低下することは証明されていません。

広井多鶴子実践女子大学教授は、「1970年代から社会の注目を大きく集めるようになった子どもの問題は、直接的な検証や論証がなされないままに、核家族化が要因であると捉えられるようになった」と指摘しています。[*3] 厚生省（当時）や自民党は、そのようなあいまいな認識に基づいて、親の養育態度を問題視するようになり、臨時教育審議会第二次答申では、家庭の「反省」や「自覚」を促しつつ、「本来家庭が果たすべき役割」を家庭に押し戻すことで、家庭の機能の回復を図ることを提言したのです。[*4] しかし、仮に家庭の教育機能が低下しているのが事実ならば、その家庭に教育の責任を課すという方向性は無謀であり、論理的に破綻しています。

広田照幸日本大学教授も、地域差・階層差はあるものの、戦後日本においては総じてどの家庭でも子どものしつけに時間や情熱を注ぐようになってきており、「家庭の教育力の低下」といった言説にはいくつもの誇張や短絡が存在していることを明らかにしています。[*5]

上記②の「家族と共に過ごす時間の短縮」も事実とは異なる面があります。広井氏によれば、研究の分野では1960年代から、『厚生白書』では1970年代から、親子の会話不足や親子関係の希薄化が指摘されるようになりました。しかし、むしろ1970年代以降、親子の会話はほぼ一貫して増加しており、90年代以降は特にそれが顕著です。[*6] ただし、父親と15～24歳の子の会話は増加傾向にあるとはいえ少なめで、男性が子育てや家事に費やす時間は先進国中最低の基準にとどまっています。[*7] しかし、それは、子育て期にある30代、40代の男性の長時間労働[*8]や、いまだ根強い性別役割分担意識[*9]によるものだと考えられます。性別にかかわらず（既婚未婚にかかわらず）労働者の長時間労働が蔓延していることは、1980年代以降に相次いでなされた労働の規制緩和によると考えられます。[*10] 長時間労働の抑制などの働き方の見直しや、性別役割分担意識を解消するほうが、ずっと親子関係にプラスに働くことは明白です。

③の「地域社会との関係の希薄化」も、あまりに大雑把な議論です。いつの時代との対比で、何をもって希薄化と呼び、それの何がどのように問題なのか不明だからです。

確かに戦後日本は、高度成長を経るなかで、農村部での村落共同体的な関係は変化しました。しかし、それは産業構造の変化にともなうものであり、また地域によって人間関係の密度は大きく異なります。

近年、高度成長初期の時代がノスタルジックに語られたり描かれたりしていますし、いまなお「村のしつけ」が美化されがちです。しかし、そこには、差別や抑圧が組み込まれるなどの問題があったことが指摘されています。[*11] そして、社会構造が変化した現状、とりわけ都市部において、村落共同体的なあり方に戻ることもできないでしょう。そして、趣味や学習を共有するコミュニティや、ＳＮＳなどにより地域を越えたつながりも築かれています。

すでに述べたとおり、家庭環境を支えるのであれば、働く父・母を苦しめている労働環境の是正や、子育てを重たいものにしている性別役割分担意識の改革、教育無償化などの社会保障の充実のほうが有益であり、家庭教育支援を「緊要の課題」と設定することには無理があります。

国家が子育て像を示し家庭に義務を課すことの問題性

法案２条１項は、家庭教育についての第一義的責任は保護者にあるとしたうえで、家庭教育支援について、「保護者が、子に生活のために必要な習慣を身に付けさせるとともに、自立心を育成し、心身の調和のとれた発達を図るよう努めることにより、行われるものとする」とします。保護者の努力義務として示されている内容は、「改正」教育基本法10条1項と同じ内容です(「改正」教育基本法の問題点は後述します)。家庭が、生活のために必要な習慣を身につけさせることや心身の調和のとれた発達を図ることは当然のようにも思えます。しかし、国家が「生活のために必要な習慣」や「心身の調和のとれた発達」を一律に決め、そのように子どもを育てよと各家庭に法律で義務を課すことは、問題です。

法案2条2項は、家庭教育においては、「父母その他の保護者が子に社会との関わりを自覚させ、子の人格形成の基礎を培い、子に国家及び社会の形成者として必要な資質が備わる」ようにすべきだとしていました。その後批判を浴びて、「国家及び社会の形成者として」という部分は削除されたと報じられました。しかし、「必要な資質」という部分が残されており、依然として国家が必要な資質なるものを仮定し、子どもにそれを身につけさせようという方向性は変わりません。[*12] その方向性は後述する子どもの権利条約の志向とは大分異なり、国家の恣意的な介入が危惧されます。

法案12条では、「家庭教育支援に関する人材の確保」をするよう国と地方公共団体に求めていますが、いったいどのような人材を確保養成するのか、定かではありません。安倍晋三首相が会長を務める超党派の親学推進議員連盟(2012年4月発足)は、「伝統的な子育て」と彼らが考える子育てイデオロギーである「親学」[*13]を内容として盛り込んだ家庭教育支援法案の策定を模索していました。この法案づくりはいったん頓挫したように思われましたが、今回の家庭教育支援法案提出の動きも彼らが進めているものだ、と広田氏は指摘します[14]。親学を推奨してきた高橋史朗氏が理事長を務める親学推進協会は、「子育て・親育ちに関して適切なアドバイスができる」「親学アドバイザー」を認定していますが、同会と親学推進議員連盟との関係から見ると、「親学アドバイザー」が「家庭教育」推進人材にスライドする可能性が多々あります。そのような担い手に推進される家庭教育の内容が、親学に類したものになることも、懸念されます。

家族を国家の基礎単位と捉え個人の自主性を尊重しない

法案2条2項は、家族を「社会の基礎的な集団である」と規定していました。しかし、自民党が２０１２年に公表した改憲草案の24条1項案と同じフレーズであるなどとして批判を浴びたためでしょうか、その後この文言は削除されたと報じられています。ただし、文言が削除されたとしても、そもそもこの法案が、個人の尊重を重視するのではなく、家族という単位を強調し、個人をその中に埋没させせようとする懸念を拭い去ることはできません。

2条2項にあった「家庭教育の自主性を尊重しつつ」という文言が削除されたとも報じられています。この文言は「改正」教育基本法（10条2項）にある言葉ですが、それすら削除されたことにより、国家が家庭の教育という私的な営みの多様性を認めず、恣意的な「あるべき家庭教育」を一律に押しつける可能性がいっそう懸念されます。

しかも2条3項において、「子育てに伴う喜びの実感」という個人の内心に及ぶ事項を家庭教育支援で配慮すべきと法律で掲げるのは、法が人の内面に立ち入るものであり、内心の自由の保障という近代法の基本原理に反する恐れがあります。[*15]

個人と家族に対する監視の強化へ

さらに、2条4項は、家庭教育支援が、「国、地方公共団体、学校、保育所、地域住民、事業者その他の関係者の連携の下に、社会全体の取組として行われなければならない」としています。しかし、「連携」の美名のもと、家庭という私的領域への介入を許す危険性があります。確かに、DVや虐待の被害者を救済するために家庭に介入することが必要なときもあります。しかし、すでに児童虐待防止法等の被害の防止と被害者救済のための法律は整備されています。それでも不十分と言うならば、必要なのは児童相談所その他に十分な予算を充て態勢を充実させることであって、子どものいる家庭一般の「家庭教育支援」の取り組みは無用どころか有害です。

そもそも、暴力や虐待の防止や被害者の救済、差別の是正をめざす介入は、普遍的な人権、個人を尊重することに資するものであり、個人主義の方向性と合致するものと言えるでしょう。[*16] しかし、家庭教育支援法案は、個人主義の徹底を志向せず、むしろ国家が恣意的な「あるべき家庭教育」を押しつけ個人を抑圧することが懸念されるものです。国、地方公共団体が、「学校、保育所、地域住民、事業者その他関係者」など、個人と家族を取り巻く関係者を総動員するかたちで介入しようという法案[*17]は、後述するように、家庭教育の責任を父母、特に母親にあるとし、家庭を国家戦時動員の源泉とし、子どもを皇国の後継者として育成することを求めた戦前の政策を彷彿とさせます。地域住民の「責務」（6条）という条文の標題が「役割」になったと報じられています。語感は和らげられたものの、近隣住民から子育てを注視されるということが、子どもをもつ家庭にとって私的生活への監視の強化であることは、多少言葉を換えても変わりません。

母親の育児負担の増加――性別役割分担の助長

法案3条は、国に基本理念（2条）にのっとり施策を総合的に策定し実施する責務を課し、4条は、地方公共団体に基本理念（同）にのっとり、国との連携を図りつつ策を総合的に策定し実施する責務を課しています。そして、文科大臣が家庭教育支援方針を定め（9条）、地方公共団体はこの家庭教育支援基本方針を参酌してこれを推進する基本的な方針を定めるよう求めています（10条）。国と地方公共団体に対して、家庭教育支援に関する施策を実施するための財政上の措置をとる努力をすること（8条）、そして、学習機会の提供や人材の確保等、地域における家庭教育支援活動に対する支援、啓発活動、調査研究についての努力義務が規定されています（11条ないし14条、15条）。文科大臣が方針を定めるといったトップダウン方式事態が、家庭教育について画一的な教育内容ないし生活習慣を推奨することをうかがわせます。

繰り返しになりますが、喫緊の課題は、保育園の拡充や、児童扶養手当や就学時援助の拡充、教育無償化、非正規雇用など労働環境の悪化の是正であるはずです。

法案には、家庭教育の責任を父母のどちらに課すのかは明示していません。しかし、長時間労働が是正されず、性別役割分担が解消されておらず、現に家事育児の負担が女性に偏っている現状において[*18]、家庭教育を強調すれば、当然ながら女性の役割が増加することになり、それがまた性別役割分担を助長することになっていきます。実際に、くまもと家庭教育支援条例のちらし[*19]にある「親の学び講座」の写真の参加者は全員女性であり、職場研修の写真の被写体も講師以外は女性です。懸念は杞憂ではないのです。

上記のとおり、「自主性の尊重」さえ削除したことからして、懸念はぬぐいようもありません。

2　教育基本法「改正」から浮かび上がる問題

旧教育基本法の立憲主義的な性格

家庭教育支援法案は、目的（1条）において、「教育基本法（平成18年法律120号）の精神にのっとり」家庭教育支援を実施するものとしています。

そもそも、「改正」教育基本法には重大な問題点があり、反対意見も多い中で成立したものです。この教育基本法「改正」を、改憲運動等に取り組む日本会議は「全国各地における大会や街頭キャンペーンの結果、365万人の国会請願署名や37都道府県210市区町村での地方議会決議などを促進し」実現したと誇りますが[20]、いったいどのような改変だったのでしょうか。

2006年「改正」前の教育基本法（以下、「旧教育基本法」）は、戦前の教育に対する過度の国家的介入がもたらした悲劇、一元的な価値観を植えつける教育が過去に招いた惨禍を背景に、日本国憲法における個人の尊厳と法の支配を指導理念として1947年に制定された立憲主義的性格を有する法律でした。ですから、教育の目的（1条）は、「教育は、人格の完成をめざし、平和的な国家及び社会の形成者として、真理と正義を愛し、個人の価値をたつとび、勤労と責任を重んじ、自主的精神に充ちた精神とともに健康な国民の育成を期して行われなければならない」とし、教育の方針（2条）は、「学問の自由を尊重し、実際生活に即し、自発的精神を養い、自他の敬愛と協力によって、文化の創造と発展に貢献するよう努めなければならない」として、「自主性」「自由」「自発的」という言葉を用い、教育が国の押しつけにならないよう強調していました[21]。同年に制定された児童福祉法とともに、子どもの福祉や人権、保護者の子どもを育てる権利や自由を尊重したうえで、国は、保護者の必要や要望に応じた施策をもって支援するものとしたのです。

権力が教育内容に介入する道筋をつけた「改正」教育基本法

ところが、「改正」教育基本法は、前文の中で、めざすべき人間像の説明として、旧教育基本法に示された「個人の尊厳を重んじ、真理と平和を希求」に加え、「公共の精神を尊び」を掲げたのです。また、「普遍的にしてしかも個性ゆたかな文化の創造をめざす教育」を「伝統を継承し、新しい文化の創造を目指す教育」に変更しました。「公共」「伝統」という文言を、個別の条文にも繰り返しています。個人の尊厳より公共、普遍性より日本の固有性を重視していると言えるのではないでしょうか。[*22]

さらに、「改正」教育基本法は、国家権力が教育内容に介入する道筋をつけたと言えます。すなわち、「改正」教育基本法は、2条「教育の目標」に「道徳心を培う」、「公共の精神に基づき」、「伝統と文化を尊重し」、「我が国と郷土を愛する」等、本来多義的で個々人の自律、内心にかかわる領域に属することのあり方を規定したうえで、6条2項に学校教育における教育目標の達成を新設しました。さらに、16条で教育を法律委任事項（憲法より下位であるはずの法律で教育のありようを規制してしまえることになります）とし、大学（7条）、私立学校（8条）、家庭教育（10条）、幼児期教育（11条）、学校、家庭及び地域住民等の相互の連携協力（13条）に関する規定を新設しました。これらの規定および社会教育の規定（12条）により、「教育の目標」を、義務教育だけでなく、人々の幼児期から生涯教育までの生活全般に及ぼすことが可能になったのです。

子の教育についての「保護者の第一義的責任」を規定

「改正」教育基本法は、家庭教育について、「父母その他の保護者は、子の教育について第一義的責任を有するものであって、生活のために必要な習慣を身に付けさせるとともに、自立心を育成し、心身の調和のとれた発達を図るよう努めるものとする」（10条1項）と、保護者に対して努力義務を課しました。本来、私的領域である家庭教育のあり方まで法律で規定することに、国家による家庭・私生活への介入ではないかとの懸念が「改正」法の審議の場でも問題になりました。その際には、家庭教育が本来保護者の自主的な判断に基づいて行われるべきことに十分配慮することになる、その点は、「家庭の自主性を尊重する」という10条2項の規定により明示しているなどと小坂憲次文科大臣（当時）は答弁しました。[*23]また、この新設した10条に基づいて「新たな法律を規定するつもりはないわけでございます」との答弁[*24]もしていました。しかし現在、この答弁を反故にし、「家庭の自主性を尊重」という文言すら削除した家庭教育支援法案が、政権与党から提案されようとしているのです。

歯止めだと公言されていた文言が外されれば、もはや家庭への国家の介入を抑制するものはありません。1条に「改正」教育基本法の精神にのっとりとある以上、家庭において、「公共の精神」を尊ぶことや、普遍性よりも「伝統」といった「日本の固有性」を押しつける教育を課される懸念があります。それは、やはり「改正」教育基本法のもとで教科化された道徳と連動するものとなるでしょう。

3　家庭教育支援条例と連動する動き

各地で広がる家庭教育支援条例の制定

家庭教育支援法案はいまだ提出されていませんが、法成立に向けて外堀を埋めるかのような動きが見られます。

その一つが、各地で制定されている家庭教育支援条例です。

２０１２年5月、大阪市で大阪維新の会が、家庭教育支援条例案を提案しました。条例案の前文では、「かつて子育ての文化は、自然に受け継がれ、父母のみならず、祖父母、兄弟、地域社会などの温かく、時には厳しい眼差しによって支えられてきた」と、ファンタジーと言うべき子育ての「伝統」を掲げ、核家族化や地域社会の弱体化により、これまで保持してきた知恵や知識が伝承されていないとしています。

これに続いて、児童虐待の背景要因には、「テレビや携帯電話を見ながら授乳している「ながら授乳」が八割を占めるなど、親心の喪失と親の保護能力の衰退」があると、出典不詳な数字をあげて断じます。さらに「軽度発達障害と似た症状の「気になる子」が増加し、「新型学級崩壊」が全国に広がっている」として、「ひきこもりと予備軍」「不登校、虐待、非行等と発達障害との関係」まで典拠不明なままに指摘します。

社会的構造を捨象し、親、特に「授乳」を取り上げて、母親に子どもたちの問題行動の責任を課す。それは、特に三歳までは子どもの世話に専念するよう女性を圧迫する言説たる三歳児神話を彷彿とさせます。

ここには、貧困などの困難に直面する家庭を支援すべき国家・社会の役割は一顧だにされず、子どもの育成は親、特に母親の「心構え」次第であるとする復古的な観念が如実に表れています。

親学推進協会の高橋史朗会長も、児童手当等の拡充の必要性などには触れず、「三つ子の魂百まで」という言い伝えを大切にすべきとし、母子の愛着の形成の重要性を強調します。[*25] 家庭の自助努力、それも性別役割分業をむしろ強調するもので、ジェンダー平等から著しく後退するものです。

大阪市の家庭教育支援条例案は、日本自閉症協会その他から激しい抗議を受け、わずか数日で白紙撤回にいたりました。

しかし、同年12月に熊本県で制定されたくまもと家庭教育支援条例を皮切りに、岐阜県、宮崎県、群馬県、徳島県、静岡県、鹿児島県、茨城県および複数の市町村で同様の条例が制定されています。

多少の違いはあれ、家庭教育支援法案と同様、少子化や核家族化、地域とのつながりの希薄化で家庭の教育力が低下したという前提に立つ内容です。家庭教育の目的として、「自制心」の必要に言及し、「自立心」という文言はあっても、旧教育基本法の、そして後述する子どもの権利条約が重視する、子どもの自主性や自発性を何ら顧みず、子どもを教化する対象、客体とみなしているのが特徴です。また、各種の子どもに対する手当を充実したり労働環境を是正するなどという福祉的な支援の視点は欠如し、ただただ各家庭に責任を自覚せよと、いわば上から目線で責任ばかり押しつけています。さらに、家庭が学校や事業者、行政などの監視の目から逃れられなくなる可能性があることも、家庭教育支援法案と共通しています。

「子どもに愛情をもって接し」「自らが親として成長していく」ことを自分でそうありたいと願うのはかま

いませんが、それは自治体が住民に対して努力義務として課すべきものではありません。ここには、「主体変容」という言葉を用い、社会構造を捨象して「親としての成長」が子どもを変えるとする親学との類似性が見られます。

文科省の家庭教育振興政策

法案を先行するかのような動きはほかにもあります。家庭教育が政策的に強調される度合いが高まりはじめたのは、1990年代後半でした。1998年6月、中教審答申「『新しい時代を拓く心を育てるために』――次世代を育てる心を失う危機」では、子どもの「生きる力」を伸ばす家庭のあり方として、家族間の会話を増やす、一緒に食事をとる、子どもにも家事をさせる、幼児に親が読み聞かせをする等々の多岐にわたる提言をしました。答申後、文科省は、厚労省と連携して、家庭教育手帳、家庭教育ノート、家庭教育ビデオの作成・配布などに取り組みました[*26]。

そして、「改正」教育基本法成立に先立つ2006年10月に安倍晋三首相直属の会議として設置された教育再正会議は、2007年4月、「子守歌を聴かせ、母乳で育児」「早寝早起き朝ご飯の励行」「乳児段階ではあいさつなど基本の徳目、思春期前までに社会性を持つ徳目を習得させる」などの内容を盛り込んだ「『親学』に関する緊急提言」をまとめたと報じられました。しかし、伊吹文科大臣（当時）からも「人を見下したような訓示とか教えをされるのは、あまり適当なことではない」との見解が示されるなど批判が相次いだため、その発表は見送られました。ところが、2007年6月1日に提出された教育再生会議第二次報告には、提言3として「親の学びと子育てを応援する社会へ」として、「子供たちの規範意識や「早寝早起き朝ごはん」などの生活習慣については、学校と家庭、地域が協力して身につけさせる。また、挨拶やしつけ、礼儀作法についても、子供の年齢や発達段階に応じ、学校と家庭が連携して身につけさせる」など、見送られた緊急提言の内容の一部が盛り込まれたうえ、家庭教育支援法案に連なる家庭・地域・学校との連携が打ち出されています。[*27]

そして実際に文科省は2006年頃から、「子供と話そう」全国キャンペーンを展開します。子どもの食育における保護者、教育関係者等の役割（5条）、国民の責務（13条）を規定する食育基本法が成立したこととあいまって、「早寝早起き朝ごはん」国民運動も展開されます。これもまた、家庭への介入強化の一環です。「家庭における食育の推進」の核として位置づけられていますが、成績との関連だけで朝食の効果を論じ、親の労働条件その他生活の諸過程を捨象することは不合理と言うほかありません。そのような観点から朝食推進論を論破した森本芳生氏は、上記運動を、〈国民総動員的〉と鋭く批判しています。[*28]

文科省は2011年から毎年家庭教育支援の推進方策に関する検討委員会を設置し、報告書を受けるほか、現時点では、「家庭教育支援チーム等」による訪問型家庭教育支援をパイロット的に実施するなどとしています。[*29] 二宮周平氏は、文科省の家庭教育振興政策は「問題を抱える家庭への対処療法が中心である」と述べていますが[*30]、「全ての保護者への家庭教育支援の充実」（傍点――引用者）としていることから、対処療法にとどまらず、全家庭を公的に把握し介入しようという意図もうかがえます。講演などでは足を運ぶ人しか把握できませんが、訪問するのであれば、希望しない人の家庭も把握が可能となります。また、どのように情報を管理するのかなど、まったく不明であり、児童虐待に関してのような資料や情報の提供についての規定（児童虐待防止法13条の3）、関係者の守秘義務違反に関する罰則規定（児童福祉法61条の3）等に類したものがない中で、個人情報が家庭教育支援チーム等に共有されることに懸念があります。

家庭教育支援の必要を説く教育再生実行会議の提言

教育再生実行会議（2013年1月設置）は、2017年6月、家庭教育を初めて主たるテーマにした第10次提言「自己肯定感を高め、自らの手で未来を切り拓く子供を育む教育の実現に向けた、学校、家庭、地域の教育力の向上[*31]」をとりまとめました。「改正」教育基本法10条を根拠に、家庭においては、「全ての教育の出発点として、特に、豊かな情操や基本的な生活習慣、家族や他人に対する思いやり、善悪の判断などの基本的な倫理観、社会的なマナー、自制心や自立心を養うことが求められます」として、旧教育基本法や後述する子どもの権利条約が理念とする子どもの自主性や自発性を度外視しています。

上記提言は、核家族化や共働きの大幅な増加などから家庭の教育力が低下したとしたうえで、「改正」教育基本法において求められる家庭の役割を「各家庭がしっかりと果たせるよう」、家庭教育支援が必要だ、と述べます。そのうえで、文科省が進める訪問型家庭教育支援の充実などを掲げる一方、「改正」教育基本法10条2項の「家庭教育の自主性の尊重」を顧みる箇所は一つもありません。

4　子どもの権利条約との乖離

最も大切なことは「子どもの最善の利益」

家庭教育支援法案など子どもをめぐる立法や政策の中で「改正」教育基本法がことさら強調される一方で、日本も批准しているにもかかわらず、まったく無視されているのが、子どもの権利条約です。同条約に照らせば、「改正」教育基本法も、家庭教育支援法案も、不合理であることは明らかです。

同条約は、家族を子どもの「成長及び福祉の自然的環境として、その責任を地域社会において十分に果たすことができるように必要な保護及び援助が与えられるべき」（前文5段）とし、18条1項で親または場合によっては法定保護者は、子どもの「養育及び発達」に対する第一次的責任を有すると定めています。

一見すると、「改正」教育基本法10条1項や、家庭教育支援法案と類似していると思えるかもしれません。しかし、条約は、教育への権利と言うとき、初等から高等までの学校教育を念頭におき、その保障のための国家の責務を規定しているのです（28条）。

他方、家庭教育支援法案は、家庭を教育の領域におくことで、国家が推奨する価値観を家庭に押しつける危険性が生まれる、と二宮氏は指摘しています。*32 同じ危険は、「改正」教育基本法にもあります。そもそも、子どもの権利条約の養育責任について最も重視されているのは「子どもの最善の利益」であり（18条1項）、「改正」教育基本法のあげる徳目ではありません。

国に課された保育サービスなど親が「養育責任」を果たせる環境づくり

条約は、締約国に、親や法的保護者が子どもの養育責任を果たすにあたって保育サービス・保育施設等の確保等を課しています（18条2項）。親や法的保護者らによる虐待等から子どもを保護すべき措置も規定されています（19条）。条約は締約国に、親ら保護者に「教育責任」を課すことではなく、国家に親が「養育責任」を果たせるようにする責任、あるいは親が責任を果たせないときには子どもを保護する責任を規定しているのです。

とすれば、締約国である日本は端的にこれらの責任を果たし、待機児童問題の解消や被虐待児の迅速な救済保護のための制度の拡大に取り組むべきです。

子どもは客体ではなく自ら学び発達する主体

さらに、家庭教育支援法案など家庭教育を統制する政策と条約が根本的に対立する点に注目すべきです。それは、前者が子どもを教えこみ枠づける客体とみなす一方、後者が子どもを自ら学び発達する主体とみなしているという点です。条約のそのような子ども観は、意見表明権（12条）、プライバシーの権利（16条）

などから明らかです。

教育目的について、「改正」教育基本法とそれを受けた学校教育法改定により、20を超える徳目が制定され、行政による恣意的な解釈・運用が危惧されています。条約は、第二次世界大戦を経てそれまでの各国の教育内容が国の意のままに偏狭な国家主義・軍国主義に堕したことへの反省から、国の恣意的な教育統制を戒め、国際人権保障の水準に各国の教育目的を適合させることに重点をおいたと言えます（前文、19条[*33]）。条約のほうが法律よりも上位におかれることから、本来は同条約の教育目的に合致する教育理念をもたなければなりません。しかし、「改正」教育基本法にも家庭教育支援法案にも、同条約に適合しようとする記載は見られず、むしろ、国家の恣意的な介入が危惧されます。

そもそも、日本国憲法が、教育に関する国民の義務として、「法律の定めるところにより、その保護する子女に普通教育を受けさせる義務」を課すのみであり（29条1項）、家庭教育の責任などを課していないことにも、留意すべきでしょう。

5　戦前の家庭教育振興政策との類似性[*34]

ファシズム下における家庭教育の統制

過去にも、日本が国家的に家庭教育振興政策をとったことがあります。

戦前において、国家が家庭教育の必要性を強調し、直接その振興に乗り出したのは、1930年以降のことです。第一次世界大戦を経て、資本主義化が進展し、自由主義や民主主義の価値観が普及した状況を文部省は懸念し、「思想善導」と称する教化を図り、1930年、文部省訓令第18号「家庭教育振興ニ関スル件」を発表して、家庭教育に対する母親の役割の重要性を強調しました。

同年、文部省主導の大日本聯合婦人会が発足しました。同会は、婦人会の全国的な組織化を図ることで、母親に対する「婦徳」の涵養等を実施し家庭教育を振興することを目的としました（その後、1942年に大日本婦人会へ統合され、翼賛体制の一角をなしました）。

ファシズム体制が強化される中、文部省は、1935年「教学刷新評議会」を設置し、学校生活および校外生活をあげて「国体」「日本精神」を強調した教育の実施を促していきました。1936年、教学刷新評議会が文部大臣に提出した「教学刷新ニ関スル答申」には、「家庭教育ニ関スル事項」として、「学校教育一任ノ傾向」の改善と学校と家庭との連絡強化を求め、学校と家庭双方が同じ目的（「教育ノ精神及ビ方針」）のもとでともに子どもの教育にあたることを要請しました。「改正」教育基本法の精神を家庭教育にも及ぼそうとする家庭教育支援法案との類似性を危惧せざるをえません。そして、この「教育ノ精神及ビ方針」とは、文部省思想局刊行の冊子等によれば、「日本精神」であり、そこでは日本の固有性が強調されました。この点も、「改正」教育基本法と類似します。そして、家庭の中でも、「個人主義的傾向」を矯正し、「日本精神」を養わなければならないとされる点も、個人主義の尊重を一切掲げない「改正」教育基本法と家庭教育支援法案の問題に連なります。１９３０年代に戦争へと向かっていった日本が教育に求めたものが、個人主義の排除と日本精神の涵養だったことを、あらためて確認しておきたいと思います。

実際、文部省は、「母の講座」、小学校単位の「母の会」、婦人会などによって直接母親を国家的に統制しようとしました。

１９４１年教育審議会より「家庭教育ニ関スル要綱」が出され、国民学校の錬成体制下へ母親を位置づけ、家制度のもとでの「子女ノ躾」等の遂行のほか、学校教育が担うはずの「保健衛生」等も施すことを母親の役割としました。

さらに、「総力戦」体制となる中、１９４２年に発出された文部次官通牒「戦時家庭教育指導ニ関スル件」は、戦時動員の観点から戦争を遂行する母親の修養・確保に重点がおかれ、子どもの教育への比重は縮小されました。母親が修養すべき内容としては、次代の皇国民を育てるための、「日本婦道」や「強健ナル子女」を産むための保健衛生等があげられました。「家生活ノ刷新充実」として母親が努めるべき生活項目に、防空、防火、防諜等の国防訓練等があげられました。

他方で、１９３７年以降、国民精神総動員運動が進められる中、国家統制をめざした隣組・常会の組織化が図られました。隣組・常会を国家統制の最小単位の活動拠点として据え、「道徳錬成」という精神的統制とともに国民生活の統制がめざされたのです。隣組・常会は、１９４０年に発足した大政翼賛会の傘下に組み込まれ、翼賛運動を担い、侵略戦争を鼓舞する国民運動の機関としての役割を果たしていきました。「家」を基盤とした国家への奉公を会員に要請した前述の大日本婦人会も同様です。同会の会員たちは、隣組・常会で、「婦人報国」の使命を果たすことを求められ、国家統制網の中に絡め取られたのです。

総動員体制下、家族に求められた自己犠牲

文部省教学局は、1944年3月に指導書たる『家の本義』の刊行を計画していましたが、戦局の悪化のため、刊行されることはありませんでした。未定稿には、国家を生成発展させるためであれば、「一身一家」が滅ぶこともよしと記されていました。また、教育勅語にある、親子の「忠孝」、兄弟の「友」、夫婦の「相和」以上に、天皇へ「赤子」を捧げる忠心こそが「家の道」とされました。子どもの親に対する「孝」といった徳目が行き着く先は天皇に対して「赤誠」を捧げる「忠」であるとされました。『家の本義』が説く母親の使命とは、わが子を天皇に命を捧げることを厭わない「皇国民」へと育てること、それを自己犠牲の中で営むことでした。

自己犠牲の中で、天皇の楯として自らの命を捧げる皇国民になれと育てる親と子どもとの情愛はどうなるのでしょうか。邪魔でしょう。子どもは親に「孝」を感じたら、天皇に自らの命を捧げることに躊躇するでしょうから。総力戦体制のもとでの家庭教育責任は、もはや家族愛など邪魔かのように、むき出しで国家存続のため天皇に「忠誠」を顕現する戦闘要員を要請することに行き着いたのです。

そして、上記のとおり、地域社会が組織化された中で、「人々に逃げ場はなかった」のです。[*35]

このような過去の家庭教育責任の強調の行き着く先を想起すれば、家庭教育支援法案その他の家庭教育責任の強調を警戒し阻止しなければならないことは明白です。歴史に学び、注意深く、家庭の統制・介入の強化を阻止し、本当に必要な福祉の充実等に向け働きかけていかなくてはなりません。

〔注〕

＊1　２０１６年10月20日に自民党の素案が公表されました。それ以降、個別の修正箇所がいくつか報じられていますが、全体像はまだ明らかにされていません。そこで、本稿中、特に断りつきでなければ同日段階の法案を前提にし、修正箇所をふまえる際はその旨明示します。

＊2　岩上真珠「高度成長と家族――「近代家族」の成立と揺らぎ」(大門正克ほか編『高度成長の時代2　加熱と揺らぎ』大月書店、２０１０年)。ただし、父母らと同居する、いわゆる三世代世帯は、実数では大きく変わりませんが、全世帯中に占める割合では減少しています。戦後日本で、実数・割合ともに増加しているのは、家庭教育とはさしあたり関係のない、単独世帯と夫婦のみ世帯です。

＊3　広井多鶴子・小玉亮子『現代の親子問題――なぜ親と子が「問題」なのか』(日本図書センター、２０１０年)第1章。

＊4　同前、第3章。

＊5　広田照幸『日本人のしつけは衰退したか――「教育する家族」のゆくえ』(講談社現代新書、１９９９年)。

＊6　前掲、広井・小玉『現代の親子問題』第2章参照。

＊7　6歳未満の子どもをもつ夫の家事・育児時間は1日あたり67分(うち育児時間39分)であり、「先進国中

最低の水準」です（「平成29年版少子化社会対策白書」http://www8.cao.go.jp/shoushi/shoushika/whitepaper/measures/w-2017/29webhonpen/html/b1_s1-1-4.html　２０１８年３月21日最終閲覧）。

＊8　30代、40代の男性については、２０１６年でそれぞれ15・１％、15・７％が週60時間以上の就業時間となっており、ほかの年齢層に比べ高い水準となっています（「平成29年版少子化社会対策白書」http://www8.cao.go.jp/shoushi/shoushika/whitepaper/measures/w-2017/29webhonpen/html/b1_s1-1-4.html　２０１８年３月21日最終閲覧）。

＊9　「夫は外で働き、妻は家庭を守るべきである」との考え方に反対する割合は男女とも長期的に増加傾向であり、２０１６年調査では男女とも反対が賛成を上回りました。しかしなお、「賛成」「どちらかといえば賛成」は女性で合計37・０％、男性で合計44・７％もいます（「男女共同参画白書　平成29年版」１－３－５図　http://www.gender.go.jp/about_danjo/whitepaper/h29/zentai/html/zuhyo/zuhyo01-03-05.html　２０１８年３月21日最終閲覧）。

＊10　木村涼子『家庭教育は誰のもの？――家庭教育支援法はなぜ問題か』（岩波ブックレット、２０１７年）９頁。

＊11　前掲、広田『日本人のしつけは衰退したか』。

＊12　『朝日新聞』２０１７年２月14日（夕刊）。以下、文言の修正については、同記事による。

＊13　「親学」の中心的イデオローグである高橋史朗氏は、「かつての日本人は正しい子育てを伝統的に行っていたが、いまの親はそれを忘れてしまっている」として、いじめや自殺、学級崩壊など子どもを取り巻く問題状況のすべてを親の責任に帰し、「立派な親を育てなければなりません」と主張しています（高橋史朗監修・親学会編『続・親学のすすめ』モラロジー研究所、２００６年）。

＊14　広田照幸「「昔の家族は良かった」なんて大ウソ！自民党保守の無知と妄想　家庭教育支援法案の問題

点」２０１７年４月24日http://gendai.ismedia.jp/articles/-/51461?page=2　２０１８年３月21日最終閲覧)。

＊15　二宮周平「家庭教育支援法について」(本田由紀・伊藤公雄編著『国家がなぜ家族に干渉するのか――法案・政策の背後にあるもの』青弓社、２０１７年)30頁、参照。

＊16　辻村みよ子『憲法と家族』(日本加除出版、２０１６年、2頁)は、公私二元論のもとで私的領域に定礎された近代家族の内部では家父長制支配と性支配が確立され、女性の隷従が固定化され隠蔽されていたが、フェミニズムからの批判により、私的領域における種々の不平等を内包してきた構造が明らかにされたと指摘しています。

＊17　本田由紀「序章　なぜ家族に焦点が当てられるのか」(前掲、本田・伊藤編著『国家がなぜ家族に干渉するのか』12頁)は、婚活支援策とともに、家庭教育支援法案が、家族や個人を取り巻く地域コミュニティを総動員するかたちで家族や個人に直接介入する方法をとるもので、個々の家族を完全に包囲して、逃げ場がない状態をつくりだすものと指摘します。

＊18　内閣府「男女共同参画白書平成29年版」Ｉ－３－８図「6歳未満の子供を持つ夫婦の家事・育児関連時間(1日当たり、国際比較)」によれば、日本では妻の家事・育児関連時間は7時間41分(うち育児時間３時間22分)に対して、夫は1時間7分(うち育児時間39分)にすぎず、比較対象の米国、英国、フランス、ドイツ、スウェーデンのいずれに比べても妻の時間が長く、夫の時間が短いことが判明しています。

＊19　http://kyouiku.higo.ed.jp/page3558/page4345/(２０１８年３月21日最終閲覧)。

＊20　https://www.nipponkaigi.org/opinion/archives/1163(２０１８年３月21日最終閲覧)。

＊21　前掲、二宮「家庭教育支援法について」40頁。

＊22　同前、42頁。

＊23　「第１６４回国会教育基本法に関する特別委員会第８号平成８年６月２日（金曜日）」（http://www.shugiin.go.jp/internet/itdb_kaigiroku.nsf/html/kaigiroku/015816420060602008.htm　２０１８年３月21日最終閲覧）。

＊24　「第１６４回国会教育基本法に関する特別委員会第８号平成８年６月２日（金曜日）」（http://www.shugiin.go.jp/internet/itdb_kaigiroku.nsf/html/kaigiroku/015816420060602008.htm　２０１８年３月21日最終閲覧）。

＊25　高橋史朗『家庭教育の再生――今なぜ「親学」「親守詩」か』（明成社、２０１２年）70頁等。

＊26　本田由紀『「家庭教育」の隘路――子育てに強迫される母親たち』（勁草書房、２００８年）５頁。

＊27　同前、７頁。

＊28　森本芳生『「食育」批判序説――「朝ご飯」運動の虚妄をこえて、科学的食・生活教育へ』（明石書店、２００９年）第１章。

＊29　文科省『平成29年度　家庭教育支援関連予算』（http://www.mext.go.jp/component/a_menu/education/detail/__icsFiles/afieldfile/2017/05/24/1361401_06.pdf　２０１８年３月21日最終閲覧）参照。

＊30　前掲、二宮「家庭教育支援法について」38頁。

＊31　https://www.kantei.go.jp/jp/singi/kyouikusaisei/pdf/dai10_1.pdf（２０１８年３月21日最終閲覧）。

＊32　前掲、二宮「家庭教育支援法について」49頁。

＊33　荒巻重人「前文」、村元宏行「29条」（喜田昭人ほか編著『［逐条解説］子どもの権利条約』日本評論社、２００９年）参照。

＊34　奥村典子『動員される母親たち――戦時下における家庭教育振興政策』（六花出版、２０１４年）および、前掲、木村『家庭教育は誰のもの？』参照。

＊35　前掲、木村『家庭教育は誰のもの？』55頁。

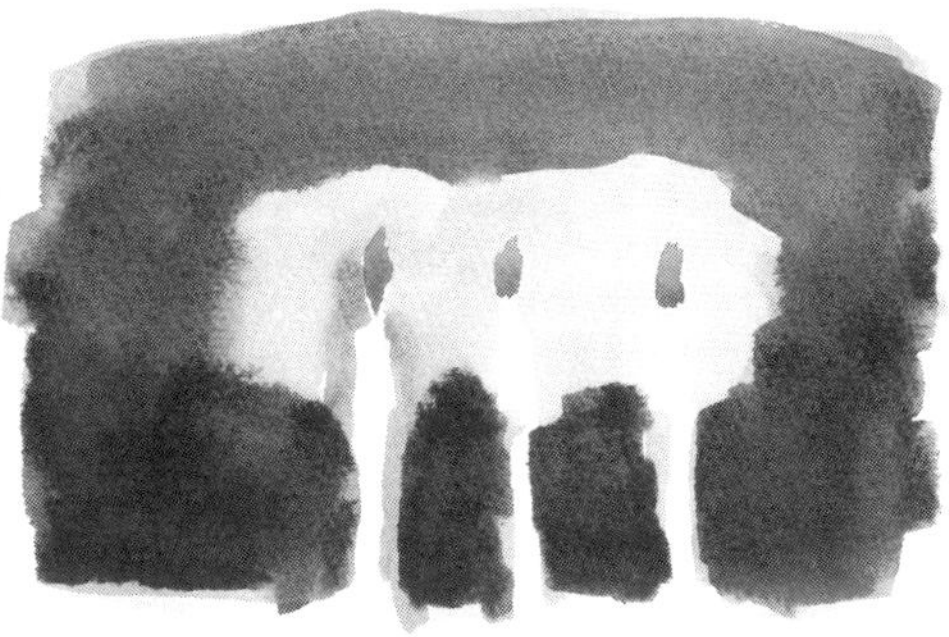

第3章　「家」から憲法24条下の家族へ

立石直子

1　戸籍と明治民法――家制度と家族

私たちが家族をイメージするとき、なんとなく、夫婦と未成年の子どもからなる家族を想像するのではないでしょうか。ＣＭやドラマを見ても、そのようなイメージで家族が描かれていますし、内閣府が２００７（平成19）年から実施している「家族の日」「家族の週間」をキャンペーンするロゴマークも、夫婦と３人の子どもたちが描かれているように見えます。[*1] ただ実態としては、このような夫婦と未成年の子どもからなる家族は、１９８０年あたりから徐々に減少し、現在では、単独世帯や夫婦のみの世帯のほうが日本の社会で多くを占めています。それでも、家族がこのような二世代からなるイメージで捉えられがちなのは、メディアでの描かれ方に加え、戦後の戸籍法の改正により戸籍が二代で構成されるようになったこと（三代戸籍禁止の原則）、そして婚姻や離婚、子の出生などの家族に関する変動を、この戸籍制度に基づき届け出る仕組みが定着していることの影響が大きいのかもしれません。

国家にとって、家族や子どもの問題はどの時代も常に大きな関心事です。この章では、明治以降の日本の家族に関する法政策、具体的には戸籍制度や明治民法が定めた家制度について紹介します。また、この時代の日本は戦争に次ぐ戦争を繰り返していました。そこで、このような家族制度と戦争とのかかわりについて考えてみたいと思います。そのうえで、戦後にこれらの制度を大きく改革する契機となった憲法24

条の成立とその意義について見ていきましょう。

戸籍をつうじた国民の把握

現在でも、日本には唯一の家族関係（身分関係）の登録制度として戸籍制度が存在しています。この戸籍制度は、どのようにしてつくられ、どのような意味をもってきたのでしょうか。

1871（明治4）年、明治政府は、世帯や家族を「戸」の単位で編成する戸籍法を定めました。戸籍法は、当初、明治新政府による「「臣民」把握のための手段」であり、「徴兵・徴税・警察による人民管理などのための利用が意識されていた」とされています。[*2・3] つまり、戸籍は当時、複合的な機能を有し、人々の居住実態や世帯の把握をはじめ、徴兵や徴税、治安維持といった警察行政などのために利用され、明治政府が国民を統制する一つの手段としての役割を担っていました。したがって、当然に非公開のものでした。

この戸籍法のもと、1872（明治5）年、日本初の全国統一の戸籍である壬申戸籍がつくられましたが、この時代の戸籍は、封建社会の名残として、皇族、華族、士族、平民などの身分を家族関係とあわせて記載・集計されていたため、一部地域では強い身分差別につながりました。

その後戸籍は、家族関係（身分関係）の登録を主たる目的とする制度へと変化していくのですが、日本国憲法の制定にともなう1947（昭和22）年の改正時にも、三代戸籍禁止が原則とされるなど、必要最低限の改正がなされただけで、家制度の廃止を受けた抜本的な戸籍制度の改革は行われませんでした。

明治民法に定められた家制度

1898（明治31）年に成立した明治民法では、武士社会の家族理念をもとに家制度に基づく家族制度が定められ、同時にそれを体現すべく、1871（明治4）年戸籍法の大改正が行われました。明治民法には、「家」が何であるのか、「家」そのものを定義する規定はありません。「家」は、戸籍制度をつうじて形作られていったのです。したがって、実際には、家族の構成員やその範囲、また出生や婚姻など、身分上の地位の変動ごとに届出をした記録が戸籍に記載されることによって、「家」が実在したとも言えます。

この「家」はどのような性質をもっていたのでしょうか。明治民法で定められた「家」は、家族の長とされる戸主とその家族で構成され、原則として戸主は男性でした。また家制度のもと、戸主には、その家族を統率する強い権限が認められていました。つまり、家族は戸主の監督下におかれ、家族の構成員は戸主とともに戸籍に記載されていました。相続についても、明治民法では「家」の財産は戸主がすべて管理し、その地位はその「家」の長男だけが継ぐという長子一括相続、家督相続制度が定められていました。そのほか、戸主には他の家族の婚姻や養子縁組に対する同意権が与えられる一方で、自己の親、祖父母などの直系尊属を最優先に位置づける扶養義務が課されていました。また、夫は夫婦の財産を管理する権限を有し、原則的に父が子どもの親権者でした。

当時の裁判例やこの頃に書かれた小説などを見ても[*4]、家制度のもと、妻には次の戸主となる「家」の後継ぎの男の子を産み育てることが役割とされ、貞操義務の程度についても夫と妻で差異があるなど、現代

【資料】明治民法（条文）
第七百四十六条　戸主及ヒ家族ハ其家ノ氏ヲ称ス
第七百四十七条　戸主ハ其家族ニ対シテ扶養ノ義務ヲ負フ
第七百四十九条　家族ハ戸主ノ意ニ反シテ其居所ヲ定ムルコトヲ得ス（後略）
第七百五十条　家族カ婚姻又ハ養子縁組ヲ為スニハ戸主ノ同意ヲ得ルコトヲ要ス（後略）
第七百八十八条　妻ハ婚姻ニ因リテ夫ノ家ニ入ル
２　入夫及ヒ壻養子ハ妻ノ家ニ入ル
第八百一条　夫ハ妻ノ財産ヲ管理ス
２　夫カ妻ノ財産ヲ管理スルコト能ハサルトキハ妻自ラ之ヲ管理ス
第八百七十七条　子ハ其家ニ在ル父ノ親権ニ服ス但独立ノ生計ヲ立ツル成年者ハ此限ニ在ラス
２　父カ知レサルトキ、死亡シタルトキ、家ヲ去リタルトキ又ハ親権ヲ行フコト能ハサルトキハ家ニ在ル母之ヲ行フ

の解釈からすると、明治民法は、性役割が強く課される男女不平等な法制度であったと言えるでしょう。

このような制度は、「家父長制」的と表現されることがあります。家父長制とは、家長権をもつ男性が家族構成員を統制・支配する家族形態を言います。このような夫権的な家父長制は、フランスやドイツなど西洋近代家族法に多く見られます。一方、日本の家制度は、「儒教的な家父長制原理にのっとり、長幼の序と結びついた忠孝原理（世代差別）と男尊女卑（性差別）の双方に基づく家族イデオロギーを内包」[*5]しました。つまり、ただ単に男性というだけでなく、男性の長子である「長男」が家産と家族構成員に対する統率権を絶対的なものとして有し、他の構成員はこれに恭順・服従するという構造です。このような、世代差別と性差別を縦横に備えた家父長制的「家」が、明治期の戸籍法、そして民法によって制度として確立していったのです。

2　家制度と戦争の時代

兵士を輩出する「家」を登録した戸籍

さて、明治時代の初めに法制化されたこのような家族制度は、明治以降の戦争の時代において、日本の人々や社会にどのような影響を与えたのでしょうか。ここでは、戦争の時代へと進む日本において、家制度が果たした役割を二つの点で説明したいと思います。

まずは、家制度を支えた戸籍制度が果たした役割です。明治初期から法制化された日本の戸籍制度は、徴兵制を支えたとも言えます。日本で初めて徴兵制が導入されたのは、1873（明治6）年の徴兵令によります。[*6] この徴兵制を全国的な制度として確立し、徴兵率を上げていくためには、国民の把握が不可欠です。欧米においては、徴兵制を支えた国民の把握の手法として国勢調査があります。日本では、いわゆる国勢調査は1920（大正9）年に第一回が行われますが、これは日清戦争後に列強国のなかま入りをするための国家政策でした。[*7] 軍事を目的とする国民調査としては、1944（昭和19）年から「人口調査」が行われていますが、それまでの戦争の時代、徴兵制度を確固たるものにしていくために、戸籍制度が果たした役割は大変大きかったと言えるでしょう。初期の徴兵令においては、徴兵を逃れることができる免役が比較的広く認められているのですが、戸主、独子・独孫、嗣子《しし》であるなど、戸籍での記載に基づく免役も認められていました。つまり、「家」を統括する立場の戸主であるとか、「家」を継承する一人っ子であるとか、そういった場合には徴兵を免除されたのです。ただし、1941（昭和16）年以降は、国家総動員体制、そしてその後の戦況の悪化により、そのような免役を認める余裕は失われていきます。

さらに、戦前の日本政府にとって、戸籍制度の確立とその活用により、全国的に徴税の仕組みが整えられていったことは、国家が軍事費を創出するうえで非常に重要なことだったと言えるでしょう。

「戦争をする心」をつくる

戦争する国家のなかで家制度が果たした二つ目の役割として、1873（明治6）年に徴兵令が布かれて以降、特に国家総動員体制の中で、国民の「戦争をする心」の醸成に一役かったことを指摘すべきでしょう。

想像してみてください。だれも、兵士として戦争に好んで行く人はいません。それは明治時代でも同じです。実際、徴兵令が出されてしばらくの間、徴集兵率はそんなに高くないのです。徴集兵率は、徴兵令が出されて2年後の1875（明治8）年で徴兵適格者のうちの約3％、1890年（明治23）年で約6％、1897年（明治30）でも約11％という数字です。[*8] また「日本長期統計総覧」の数字を見ても、日本の兵士の数は、明治後期から陸軍、海軍を合わせて30万人程度を維持しており、日中戦争の始まる1937年以降の大動員にいたるまでの間に急激な伸びは見られません。[*9] 1889（明治22）年には大日本帝国憲法が成立し、20条には「日本臣民ハ法律ノ定ムル所ニ従ヒ兵役ノ義務ヲ有ス」と記され、兵役は満17歳から満40歳までの男子の義務、すなわち「国民皆兵」となりました。しかし、当時は、兵役に就くことで給料はそれまでの職場とはケタ違いに低額になり、実際に兵役に就いた者とそうでない者との間には、大きな不平等があったことが示されています。[*10]

それでは、そのような日本の人たちの心を、「戦争をする心」へと変化させていったのは何だったのでしょうか。１９３７（昭和12）年に日中戦争が勃発したのち、日本の政府は中国との戦争に備え、経済・社会体制を整えていきます。１９３８（昭和13）年には国家総動員法が成立、施行され、戦時法体制が確立されます。翌年１９３９年には、戦時の不足する労働力を補うために軍需産業に国民を強制的に配置できるようにする国民徴用令が出され、１９４１（昭和16）年には「産めよ増やせよ」の早婚多産が人口政策として奨励されるなど、この頃から国民の生活は戦時体制ありきの状態におかれていきます。何より言論統制も強化され、同年に公布された国民学校令により教育の統制も行われていきました。

このように国家が戦争の準備のために社会統制を敷いたのに対し、国民の側ではその統制に従順である「心持ち」が必要になります。それを支えるのに有用だったのが家制度のもつイデオロギー的な部分です。先に述べたように、明治民法では家制度について細かい理念を掲げてはいません。しかしながら、戸主制と家督相続制をつうじ、「長男」が家産と家族構成員に対する統率権を絶対的なものとして有すること、そして、親権、婚姻への戸主の同意権など、他の構成員が戸主に恭順・服従するという家制度の構造そのものが、天皇制国家の総動員体制において必要とされる国民の「心持ち」を養ったのです。

変容する「家」と明治民法の改正動向

ただ、明治民法による家制度のもとでの家族観について、制度を廃止する戦後1947（昭和22）年までを、一括りのイメージで捉えるのは少し乱暴かもしれません。明治民法が制定された1898（明治31）年から第二次世界大戦が終結する1945（昭和20）年までには、約50年の時間が流れているからです。

この間の日本社会の変化は著しいものがありました。すなわち、1868（明治元）年に3402万人だった日本の人口は、1912（大正元）年には5000万人を超え、1935（昭和10）年頃には、明治初期の倍の人口になっています。明治期の1900年から1975年まで、日本では平均1％という急激な人口増加が続きました。戦争が終わる1945（昭和20）年には、戦争で多くの尊い命が奪われたとはいえ、推計で7200万人を超える人口が記録されています。また、資本主義経済の発展にともない、産業化、都市化も進みます。

このような社会の変化により、家族そのものも変容していきます。法社会学・民法学者の利谷信義氏によると、「日露戦争から第一次大戦後にかけての都市への人口移動、都市における核家族の増加は、「家」と現実の家族生活＝世帯とのずれを生み、「家」制度の形骸化をもたらした」[*11]とされています。また、同じく民法学者の末弘厳太郎氏も、1925（大正14）年、当時の法制上の「家」と社会における「家」の齟齬について、以下のように言及しています。「要するに社会経済の変革と国家の発達とは互いに原因をなしつつ、我々の家族生活までをも漸次大変遷の渦中に巻き込みつつある。かくして、社会上の「家」は変化しつつある」[*12]。つまり、1898（明治31）年に成立した民法における家制度下の家族像が、戦後にいたるまで、そのまま日本社会における家族像であったわけではないのです。

このような状況を受け、1919（大正8）年から臨時法制審議会において民法改正が検討されはじめ、1927（昭和2）年には改正要綱が答申されています。ここには、戸主の権利の制限や妻の地位の向上、家督相続制度の緩和などの内容が含まれ、一定の家族構成員の権利拡大が志向されていたと言えます。たとえば、明治民法では、父が認知した非嫡出子は庶子《しょし》と呼ばれ、父が認知しない私生子とは区別されていました。庶子は婚内に生まれた子ではありませんが、父が「家」に入れることができました（庶子の入家）。これについて改正案では、「家」の平和を維持するために父の法律婚上の配偶者、つまり妻の同意を必要とすることが提案されています。また、家族の居所を指定する権利（居所指定権）や家族の婚姻、養子縁組などへの同意権を内容とする戸主の権利を制限する案が出されました。これは、戸主権の濫用が社会で問題になっていたことが背景にあったとされています。これらの動向は、この時期の家族の変容を受け、戸主の権利を抑制し一定の家族構成員の権利強化を志向したと評される一方で、むしろ「家」の維持、存続のためには最低限の改正が必要とされたのであり、家制度の維持が図られたという評価もあります[*13]。

ただし実際には、その後日本が戦時体制へと突入していく中で、この時期の民法改正は現実化しませんでした。戸主権の一部制限と「私生子」の廃止のみが１９４０年代に実現するものの、明治民法の定める家制度そのものは戦後まで引き継がれていきます。すなわち、現実の日本社会では家族そのものには戦前においても一定の変容が認められたにもかかわらず、家制度の根底をなす日本的な家父長制原理は、戦時体制のなかで脈々と受け継がれていったのです。

3　日本国憲法の成立——家制度の廃止へ

24条の成り立ち

近年では、現行の日本国憲法はＧＨＱが草案を作成し、それをもとに日本の国会で議論を重ねて成立したことが明らかになっています。[*14] ＧＨＱによる憲法草案（連合国軍総司令部案）は、１９４６（昭和21）年２月13日に日本政府に提出され、その後、日本の国会で広く議論されました。

家族の民主化を定めた24条に関する審議過程では、特に激しい論争があったことが記録されています。同年６月20日、政府は帝国議会に帝国憲法改正案（新憲法草案）を提出していますが、家制度の廃止をめぐる議論においては、原夫次郎衆議院議員が「我が国の家制度と天皇制とは非常に密接なる関係のある旧慣制度」として反対の意を示しています。これに対し、時の吉田茂首相は、「封建制を払拭することが主眼であり……日本の家督相続等は日本固有の一種の良風美俗」であるなどと説明しています。また、24条の性質をめぐっても、加藤シヅエ衆議院議員が母子福祉の観点から「母子の利益を保護し、寡婦の生活の国家的な保障……を書かなければ」、と述べているのに対して、保守派からは、子の親への孝行を中心とする家族共同体の保護を規定する主張がなされています。結局、保守革新双方からの「家族保護」を退け、家族の中の「個人の尊厳」と「両性の平等」を掲げた現行の24条が成立したのです。

ベアテ・シロタさんの活躍

現行憲法24条の起草者として、ベアテ・シロタという女性がいたことも、最近では周知の事実となっています。[*15] GHQの民政局員として当時22歳の若いベアテ・シロタさんが熱意をもって提案した草案の18条は、GHQの草案として日本政府に提案され、現行の憲法24条にそのまま活かされたのです。

ベアテ・シロタさんは、1923（大正12）年、ウィーンで生まれました。両親はともにロシア（現ウクライナ）人で、ピアニストだった父レオ・シロタさんは、戦前、日本の音楽家山田耕筰氏の誘いで東京音楽学校（現在の東京藝大）のピアノ教授として来日しました。当時、彼女は5歳でした。このときから約10年間の日本での生活の中で、ベアテ・シロタさんは日本の一般社会における家族の姿、夫婦や親子関係の実際を知りました。戦中は単独でアメリカにいた彼女は、日本に残した両親を探すために戦後GHQのスタッフに応募して採用され、民政局員のメンバーとして日本国憲法の草案作成に関与することとなるのです。彼女は、1996年から日本国憲法制定時のエピソードについて講演活動を開始しましたが、200

【資料】ベアテ・シロタ草案[*16]18条と現行憲法24条

◆ベアテ草案18条

①家庭は，人類社会の基礎であり，その伝統は，善きにつけ悪しきにつけ国全体に浸透する。それ故，婚姻と家庭とは，法の保護を受ける。婚姻と家庭とは，両性が法律的にも社会的にも平等であることは当然である。このような考えに基礎をおき，親の強制ではなく相互の合意に基づき，かつ男性の支配ではなく両性の合意に基づくべきことを，ここに定める。

②これらの原理に反する法律は廃止され，それに代わって，配偶者の選択，財産権，相続，住居の選択，離婚並びに婚姻および家庭に関するその他の事項を，個人の尊厳と両性の本質的平等の見地に立って定める法律が制定さるべきである。

◆憲法24条

①婚姻は，両性の合意のみに基いて成立し，夫婦が同等の権利を有することを基本として，相互の協力により，維持されなければならない。

②配偶者の選択，財産権，相続，住居の選定，離婚並びに婚姻及び家族に関するその他の事項に関しては，法律は，個人の尊厳と両性の本質的平等に立脚して，制定されなければならない。

0（平成12）年5月2日の参議院憲法調査会にも招聘され、以下のように発言しています。「私は間もなくジープに乗っていろんな図書館へ行って、いろんな国の憲法を参考に集めました」、「私は、戦争の前に10年間日本に住んでいましたから、女性が全然権利を持っていないことをよく知っていました」。

史実を見ると、GHQのメンバー、24条の草案を起草したベアテ・シロタさん自身も、憲法の草案作成段階で明治民法の条文を目にしていたわけではありません[*17]。また、GHQが当時の日本の家族制度に対して意図したところは、家制度そのものの解体や、その前提となる戸籍制度の廃止というほど明確に目的を定めたものではなかったようです。むしろ、マッカーサー三原則のうちの一つである「封建制度の廃止（The feudal system of Japan will cease）」を具体化する中で、家制度の廃止が必然的だったと言えるでしょう。ベアテ・シロタさんはその他の発言の中でも、当時の彼女が明治民法を熟知し、憲法を通じて家制度自体の廃止をめざしたというわけではなく、子どもの頃に感じた日本の家族、夫婦、親子の関係に対する違和感や疑問から、日本の女性の地位を向上させるべく努力したと述べています。つまり、ベアテ・シロタさんが子ども時代を過ごした日本の一般社会では、明治民法の家制度のもとで、対等でない夫婦関係、親による子の支配、兄弟姉妹間での差別などが浸透していました。それを友人たちの家庭で目の当たりにしてきた彼女だからこそ、家制度そのものの詳細を知らずとも、夫婦の対等や家族生活における男女平等を定める必要性を深く認識していたのでしょう。[*18]

ベアテさんがもたらした子どもの法的地位の変化

ベアテ・シロタさんが日本国憲法草案作成に関与した功績として、子どもの人権保障の視点にも注目すべきでしょう。資料にあるように、ベアテさんが書いた草案には、嫡出でない子の権利、養子と実子との間の差別への配慮、長子一括相続の廃止、児童への医療の無償化など、どのような立場の子どもにも差別を許さない姿勢が見られます。明治民法下においては、戸主権と親権が未分離な状態で、子どもは原則父の親権に服し、居所指定をはじめ婚姻への同意にいたるまで戸主の監督下におかれていました。明治民法の制定以降、そのような法制が長く維持されてきた日本の社会にとって、ベアテ・シロタ草案の内容はあまりにも先進的だったことでしょう。

【資料】ベアテ・シロタ草案

◆19条

①妊婦と乳児の保育にあたっている母親は，既婚，未婚を問わず，国から守られる。彼女達が必要とする公的援助が受けられるものとする。

②嫡出でない子どもは法的に差別を受けず，法的に認められた子ども同様に，身体的，知的，社会的に成長することにおいて機会を与えられる。

◆20条

養子にする場合は，その夫と妻，両者の合意なしに，家族にすることはできない。養子になった子どもによって，家族の他のメンバーが不利な立場になるような特別扱いをしてはならない。長男の権利は廃止する。

◆24条

公立，私立を問わず，児童は医療，歯科，眼科の治療を無料で受けられる。

これらのベアテ・シロタ草案の内容については、ＧＨＱが日本政府に提出した連合国軍総司令部案から削除されており、実際に日本国憲法の内容としては実現しませんでした。その理由は、草案全体のうちcivil rightsの部分が膨大になりすぎていること、これらの個々の内容は民法に規定すべきであること、などとされています[*19]。結局、ベアテ・シロタ草案に存在した子どもの権利の一部は、民法や児童福祉法の分野で実現することになります。ただし、ベアテ・シロタさんが明記した子どもの権利のうち、嫡出でない子への差別の問題については、民法９００条４号ただし書として長らく存在しつづけました。

２０１３（平成25）年９月、最高裁は、非嫡出子の相続分差別規定について「法の下の平等を定めた憲法に違反する」という判断をついに下しました。嫡出でない子への差別は、国連の自由権規約や子どもの権利条約にも反するもので、諸外国では１９６０年代後半以降、非嫡出子への差別を廃止していきました。日本国内でも、この規定の差別性を問う裁判は複数回にわたり提起されて

【資料】民法900条4号の改正
第900条　同順位の相続人が数人あるときは，その相続分は，次の各号の定めるところによる。（中略）
四　子，直系尊属又は兄弟姉妹が数人あるときは，各自の相続分は，相等しいものとする。ただし，嫡出でない子の相続分は，嫡出である子の相続分の2分の1とし，父母の一方のみを同じくする兄弟姉妹の相続分は，父母の双方を同じくする兄弟姉妹の相続分の2分の1とする。
（2013（平成25）年12月5日の法改正により，下線部が削除された）

いたのですが、憲法違反とは判断されませんでした。そういった意味では、２０１３年の最高裁決定は画期的な判断です。ただ、最高裁は立法機関ではないため、法律が現実に改正されるためには国会での作業が必要になります。違憲判断が下された直後、この民法９００条に関する法改正の実現を危ぶむ報道が複数見られました[*20]。最高裁決定のあと、実際の法改正を検討するにあたって与党内から、婚姻していない男女間に生まれた子どもと婚姻している夫婦間の子どもを同等に扱うことに対し、「家族制度が崩れる」と批判され、伝統的な家族観を重視する意見が出されたためです。自己に責任がない出自によって差別されることを許すこの規定が、日本の伝統的な家族制度の維持に必要だというのでしょうか。

しかし最終的には、最高裁判断との間で国民の混乱を回避するためとして、民法９００条は改正されました。本人の努力で変えられない属性に対する法律上の差別が、ようやく廃止されたのです[*21]。ベアテ・シロタさんが嫡出でない子への差別を認めない趣旨の条文を起草してから、70年以上の歳月を要したことからも、この憲法草案がどれだけ先進的なものであったかがわかるでしょう。

このように、ベアテ・シロタ草案のエッセンスが結実した日本国憲法24条は、現代社会においても、日本の家族や子どもの問題に対し、大いに活躍する場面があるのです。

4　多様な家族生活の保障へ――「家族保護」のあり方

家族の保護？　干渉？

ベアテ・シロタ草案には、「家庭は、人類社会の基礎であり、その伝統は、善きにつけ悪しきにつけ国全体に浸透する。それ故、婚姻と家庭とは、法の保護を受ける」という表現が存在しました。人権条項の起草委員の他の2名（H・E・ワイルズ、P・K・ルースト）も、他国の憲法にも同様の規定が存在することから、このような「家族保護」を憲法に規定する必要性を指摘していましたが、「それ故、婚姻と家庭とは法の保護を受ける」の部分は、GHQ民政局内部で削除されたうえで、のちに日本側に連合国軍総司令部案（いわゆるマッカーサー草案）として提出されています。確かに、他の国の現行憲法を見ても、ドイツ憲法、アイルランド憲法、ベトナム憲法など、家族保護条項をもつ憲法が存在します。家族を国が率先して保護するというのは、とても真っ当で望ましいことのように感じられるかもしれません。また、憲法24条がそもそも社会権的性質をもつことからもごく自然のことでしょう。世界人権宣言16条3項でも「家族は、……社会及び国による保護を受ける権利を有する」と述べています（第4章119－120頁を参照）。

しかし、ここで言う「家族の保護」については、その意味を履き違えないように気をつける必要があります。現代においては、福祉という名のもとで、また司法のあるべき姿として、家族への積極的な関与が国や社会の責任だとする向きがあります。確かに、たとえば児童虐待やドメスティック・バイオレンス（DV）のような家庭内で起こる暴力の被害者に対し、司法や警察権力が積極的な救済・援助を行うことは当然で、そこに躊躇や怠慢があってはなりません。警察や行政がこの問題に関与するのは、人権救済の視点からです。これらの暴力は、現代社会が生みだした「家族の病理」「家族の崩壊」現象などではありません。児童虐待もDVも、これまで家族、家庭という空間の中で、「しつけ」「夫婦喧嘩」などと言い訳を許されながら隠蔽されてきた、強者による弱者への支配の現れです。したがって、国家権力が法や政策をつうじてこれらの暴力をきちんと否定することこそ、多くの被害者たちのエンパワメントにもつながっていくのです。しかし、これと「家族の保護」は別の話です。

そもそも家族とは、どの人にとっても一時点ではなく、長い時間にわたりかかわり続ける存在です。その中では、障害のある人や高齢者など介護や介助を必要とする家族を抱えることや、ひとり親家庭の中で子を養育する場合もあるでしょう。家族のだれかが失業することもあります。家族生活とは、常に万全なものなどではありえないのです。そのようなある意味の「不安定さ」を内在する家族を支えることこそ、国家や社会による「家族の保護」の本来的な意味合いなのです。

ところが、昨今の日本では、ベアテ・シロタさんが含意した家族の保護や支援ではなく、家族生活に対する公権力の干渉、介入とも言えるような動きが顕著になってきています。具体的には、家庭教育支援法案（本書第2章参照）や親子断絶防止法案、さらには内閣府の婚活支援など多数にのぼります。一見、家族を重視し保護するように感じられるこれらの諸制度、諸政策ですが、家族自治を干渉したり、家族形成の自由をゆがめる側面もあります。家族に関する具体的な法や政策は、家族や親子のあるべき姿をモデル化する効果があるからです。このような家族保護を打ち出す姿勢は自民党の憲法改正草案にも表れていますが、なぜ国家は、法やさまざまな制度をつうじて、家族に関与しようとするのか、それぞれが意味することをしっかりと理解することが大切です。[*22]

多様な家族を包摂する

近年の裁判所の判断や、政府の家族政策においては、むしろ国民の「家族になりたい」気持ちを尊重しない向きも見られます。たとえば、２０１５（平成27）年12月の夫婦別姓訴訟がその一つです。夫婦がそれぞれ別の氏で婚姻生活を送りたい、別の氏を名乗る夫婦も法律上の夫婦として扱われたい。このような別姓を求める人たちの主張は、まさに法的に承認され保護を受けられる「家族になりたい」「家族でありたい」という主張でしょう。ところが、最高裁は「女性側が不利益を受ける場合が多いと推認できるが、通称使用の広がりで緩和されている」として、原告側が主張した婚姻により「姓の変更を強制されない権利」を「憲法上保障されたものではない」と判断しました。

また、2018(平成30)年1月には、前年から厚生労働省で検討されてきた事実婚カップルへの不妊治療の助成が見送られたというニュースが流れました。事実婚の場合、父子関係の成立には認知が必要とされるため、「生まれる子と父親との関係や子どもの権利などさらに検討が必要」というのがその理由です。これも、さまざまな理由のもとで婚姻届を出さない(出せない)カップルが子をもうけたい、つまり「家族をもちたい」という希望を否定するものです。

法が婚姻や夫婦となる条件を設定し、その条件をクリアしたカップルのみを法律上の婚姻、夫婦、また親子として認める。あたりまえに見えて、実はこの条件をどのように設定するか次第で、非常に生きづらい社会になります。未婚化、少子化などの人口現象に対し国として対策が必要であると考えるならば、「夫婦になりたい」「親子になりたい」という意思、そして「家族である」という本人たちの認識や実態こそが家族生活の基礎となる社会をめざすべきではないでしょうか。

その意味では、性の多様性に配慮した家族法制を認めることも、現代的な喫緊の課題と言えるでしょう。同性カップルの婚姻や、性的マイノリティにかかわる議論です。憲法24条1項は、「婚姻は両性の合意のみに基づいて成立し」と定めています。一部で、この規定にある「両性の」という文言のために、日本では異性婚のみが保護され、同性婚は認められないのだ、といった主張も見受けられます。*23 しかし、ベアテ草案では、「婚姻と家族とは……親の強制ではなく相互の合意に基づき」と明記されていたことからも、24条1項は、家制度のもとで当事者の「相互の合意」だけでは婚姻できなかった当時の日本社会の状況に対し、婚姻の自由を保障する趣旨でしょう。つまり、起草者であるベアテ・シロタさんがめざしたのは、同性婚を排除することではないのです（この点について第4章121－122頁参照）。

このように、国家が家族を特定のモデルで捉えず、家族や親子の多様性を認めることこそ重要です。それによって、婚姻する、子どもをもうけるといった生き方ばかりでなく、婚姻しない・子をもたないという生き方をも尊重し、死別・離別など家族生活における不測の事態に陥った個人やそのもとにいる子どもを守り、支援することにもつながります。家族やセクシュアリティに関して、どのような選択をする人にも幸せになる権利が保障される、これこそが憲法24条2項が謳う家族生活における「個人の尊厳」のあるべき方向だと言えるでしょう。

〔注〕

＊1　「家族の日」「家族の週間」は、2007年以降、11月の第3日曜日とその前後1週間と定められています。少子化対策の一つとして位置づけられていますが、具体的な経緯や内容については、内閣府HP内、http://www8.cao.go.jp/shoushi/shoushika/family/index.html を参照のこと（2018年2月24日最終閲覧）。

＊2　清水誠「市民社会における市民登録制度に関する覚書」（湯沢雍彦・宇津木伸編集代表『人の法と医の倫理――唄孝一先生に賀寿と感謝の気持ちを込めて』信山社、2004年）98頁。

＊3　二宮周平「個人情報の保護と戸籍公開原則の検討」（『立命館法学』304号、2005年）240頁。

＊4　夏目漱石『それから』、島崎藤村の『夜明け前』など、日本の著名な文学作品にも家制度を背景とするものがあります。また、明治、大正時代の身の上相談の記録には、家制度に翻弄される男女の姿が見られます。山田邦紀『明治時代の人生相談――一〇〇年前の日本人は何を悩んでいたか』（日本文芸社、２００７年）、カタログハウス編『大正時代の身の上相談』（ちくま文庫、２００２年）など。

＊5　三成美保ほか『ジェンダー法学入門（第2版）』（法律文化社、２０１５年）42頁（三成執筆）。

＊6　加藤陽子『徴兵制と近代日本』（吉川弘文館、１９９６年）45頁以下。

＊7　青柳まちこ『国勢調査から考える人種・民族・国籍――オバマはなぜ「黒人」大統領と呼ばれるのか』（明石書店、２０１０年）１１３頁以下。第一回国勢調査にあたり国勢調査局が示した国勢調査の目的として、「殊に世界五大強国の一つとして列国と肩を並べて行くには預め国勢の基本になるものを正確に調べ、その正確なる統計に依ってあらゆる国家の施設《ママ》を行はなければなりません」のように記されています（総理府統計局編『総理府統計局百年史資料集成　第2巻　人口中』１９８３年、１５４頁。旧漢字は新漢字に直しました）。そのほか、近代の社会統計の成立や意義について、安元稔編『近代統計制度の国際比較――ヨーロッパとアジアにおける社会統計の成立と展開』（日本経済評論社、２００７年）。日本の状況について、特に5章以下に詳しく述べられています。

＊8　河野仁『〈玉砕〉の軍隊、〈生還〉の軍隊――日米兵士が見た太平洋戦争』（講談社学術文庫、２０１０年）36頁（原書は２００1年刊）。

＊9　渡邊勉「誰が兵士になったのか（1）――兵役におけるコーホート間の不平等」（『関西学院大学社会学部紀要』１１９号、２０１４年）4頁。

＊10　同前論文などが示しています。ただし、兵士の有力な供給源となった東北の寒村などでは、過酷な農村生活に比べて軍隊生活の快適さに言及する例も多く見られました。さらには、軍隊に入営することを、社

会的地位上昇の機会と捉える者も存在しました。吉田裕『日本の軍隊――兵士たちの近代史』(岩波新書、2002年)、岩手県農村文化懇談会編『戦没農民兵士の手紙』(岩波新書、1961年)など。

＊11 利谷信義「現代家族と家族政策」(早稲田大学比較法研究所編『日本法の国際的文脈――西欧・アジアとの連鎖』早稲田大学、2005年)205頁。

＊12 末弘厳太郎『法窓閑話』(改造社、1925年)244頁。なお、引用部の旧字部分は筆者により新字体にしています。

＊13 1920年代の民法改正については、依田精一「戦後家族制度改革の歴史的性格」(福島正夫編『家族 政策と法1 総論』東京大学出版会、1975年)、蓑輪明子「1920年代の「家」制度改正論」(『一橋社会科学』5号、2008年)85-109頁などに詳しい言及があります。

＊14 日本国憲法の成立過程については、鈴木昭典『日本国憲法を生んだ密室の九日間』(創元社、1995年)ほか、映像資料や書籍、資料が多く出ています。

＊15 ベアテ・シロタさんのこの時期の活躍については、本人への取材などをつうじ、多くの書籍、資料が出されています。一部紹介すると、ベアテ・シロタ・ゴードンほか『ベアテと語る「女性の幸福」と憲法』(晶文社、2006年)、ベアテ・シロタ・ゴードン(平岡磨紀子構成・文)『1945年のクリスマス――日本国憲法に「男女平等」を書いた女性の自伝』(柏書房、1995年)など。

＊16 ベアテ・シロタ草案については、前掲、ゴードン『1945年のクリスマス』にあるものを一部改訳。以下、ベアテ草案については同じ。

＊17 ベアテ・シロタさんの当時の明治民法や家制度の把握については、和田幹彦『家制度の廃止』(信山社、2010年)91頁(脚注40)が詳細に述べています。

＊18 ベアテ・シロタさんの思想的背景については、本書第5章で詳しく述べています。

＊19　高柳賢三ほか編著『日本国憲法制定の過程――連合国総司令部側の記録によるⅠ』（有斐閣、１９７２年）２０４頁以下。
＊20　「家族観の多様化反映・婚外子差別違憲判断」（『毎日新聞』２０１３年9月5日朝刊）、「最高裁違憲判断でも…婚外子差別の法改正に慎重論・自民法務部会」（『朝日新聞』２０１３年10月24日朝刊）ほか。
＊21　ただし、この与党内の議論は、現在進められている相続法改正の動きへとつながります。夫婦の一方が死亡後、法律上の配偶者の生活の安定を重視するため、相続する不動産について所有権とは別の居住権という概念を新設したり、配偶者の潜在的な持分を顕在化するなどについて検討されています。高齢社会の中、残された配偶者の生活を守ることは大切な視点ですが、あくまで法律上の配偶者の保護に限定されています。相続による残された子への生活保障は、子の側に必要性が高い場合もあります。なお、この改正に関する法制審議会民法（相続関係）部会の動向については、法務省ＨＰより確認できます。
＊22　この視点につき、本田由紀・伊藤公雄編『国家がなぜ家族に干渉するのか――法案・政策の背後にあるもの』（青弓社、２０１７年）における各論が詳しく述べています。
＊23　このような主張に対し、憲法学者の辻村みよ子氏は、24条1項は、「婚姻を異性間でしか認められないとは明記していない」（『憲法と家族』日本加除出版、２０１６年、１２８頁）と述べ、憲法24条解釈の問題としても、「憲法制定当時においては、同性婚が念頭になかったことは明らかと思われるような立法事実を認めつつも、状況の変化によってこれを認めようとする動きもあるなど、解釈の幅は広がっている」（同、１２９頁）と説明しています。

第4章　日本社会を蝕む貧困・改憲と家族
——24条「個人の尊厳」の底力

笹沼弘志

この章では24条個人の尊厳と日本国憲法の人権体系、特に25条生存権など社会権規定との関係を中心に考えていきましょう。まず私たちの日本社会がどのような状況にあるのか、その現実を垣間見ることから始めましょう。

1　現代日本における貧困と「自立と連帯の強制」

ホームレスと自立

私は大学で憲法を教えるかたわら地元でホームレスの人たちなど生活に困窮する人々の支援活動に取り組んできました。そこでは新聞をにぎわす福祉事務所による「水際作戦」を体験したり、野宿の厳しさや野宿者に対する強制排除、襲撃事件を目の当たりにするなど、裁判所の判決文を読んでいるだけではまったくわからない現実をいやというほど見てきました。[*1]

ホームレスの人たちと言うと多くの人々は怠け者だとか、好きでやっているとは言わないまでも、普通の社会生活ができない人だとかいった印象をもっていることでしょう。私が初めてホームレスの人たちのことを強く意識したのは、1996年の冬、東京都のJR新宿駅西口の段ボール村を東京都が清掃と称して強制排除した事件です。[*2] 健康で文化的な最低限度の生活を営む権利を保障する義務を負う役所が、あろうことか寒さ厳しい冬の最中、段ボールハウスでなんとか寝起きしていた人たちから、その「ハウス」を暴力的に取り上げたのは、きわめてショックな出来事でした。家を失う恐怖は、お金に困って家賃の支払いが滞ったり、ＤＶ被害に苦しんだりといった経験をもつ人にとっては他人事ではないでしょう。

私が静岡で暮らしはじめてしばらくたった１９９９年末のことですが、数人のなかまたちと市内で野宿する人たちのもとを訪問する活動を始めました。そこで驚いたのは、生活保護でアパートに入ってはどうかと勧めても、多くの人がいやだ、自力でなんとかしたいと答えたことです。異口同音に、みなが、どう見ても70歳過ぎの高齢の人でさえ、仕事さえあればなんとかなるのにと言うのです。野宿する人の中で生活保護を申請する決断をした人が現れたのは活動を始めて半年以上もたってからでした。それ以来なかまたちとともに長年生活保護申請同行の活動を続け、多くの人が保護を受けるようになったにもかかわらず、いまだに自力でなんとかするべきだ、保護を受けるのは怠け者だという野宿者もけっして少なくありません。世間一般の人々の中には、がんばって自力で生活を支えるべきだ、貧困に陥るのは自己責任だ、保護に頼るのは怠け者だと考えている方も少なくないでしょう。だから生活保護受給者へのバッシングがあとを絶たないわけです。しかし、実は極度の貧困状態にあるホームレスの人自身が「自立」への強迫観念、自己責任論に強く囚われているのです。[*3] だからこそ、だれにも助けを求めず、特に役所に保護を求めることをせず、厳しい野宿生活を続けているのです。

「自立」と「共助」による水際作戦

私が初めて野宿する人の生活保護の申請に同行して福祉事務所に行ったときのことを少しご紹介しましょう。その方Aさんも初めから生活保護を希望していたわけではありませんでした。60歳になり年金を受給できるようになるが、住所がないので困っていると相談してきたのでした。そこで私は住所がないのは家がないからだから、生活保護でアパートに入るほうがよいのではないかと勧めたのです。いろんな経緯があったのですが、Aさんはついに生活保護を申請する決意を固めました。私は、Aさんと一緒に福祉事務所に向かいました。窓口の若い職員に生活保護の申請に来たのだと告げると、少々さげすんだような目つきで相談申込書に必要事項を記入するように言いました。Aさんは氏名などを書いて「住所」のところでふと顔を上げ、どうしたものかと尋ねました。私はいま寝ている場所を書けばいいよと答え、Aさんはその場所を書き込みました。するとその職員は「これは何だ、生活保護は家がある人のものだから帰れ」とえらい剣幕で怒鳴ったのです。これには驚きました。日本国憲法が健康で文化的な最低限度の生活を営む権利を平等に保障しており、生活保護法が生活保護受給権を具体的権利として保障し、保護を申請する権利を認めているのに、「住居」もないほど生活に困窮しているがゆえに、生活保護を申請する資格すら認めないと福祉事務所の職員が言ったのです。そこで、生活保護の申請は権利だとか、住居がない要保護者には現在地保護義務があるし、住宅扶助を現物で給付する方法もあるだろうとか、いろいろまくし立てたのですが、そうしたら今度は職員のほうが驚いたような顔をして上司を呼んできました。その後もいろいろあったのですが、結局申請できるまでに4時間もかかってしまいました。その後は窓口に行く前に申請書を作成しておき、それを提出するかたちで生活保護の申請を法的に済ませるようにしているので、こんなことはもうないのですが、その後も福祉事務所はあの手この手で、いろいろ理屈をつけ、申請を拒んだり、諦めさせようとしたりしつづけました。

家がないから保護ができないという福祉事務所の理屈に対しては、行政不服審査請求を行い、それが間違っていることを認めさせました。その後は、もっぱら働けるのに働こうとしていないと「稼働能力活用要件」を口実に厳しい指導をして保護を諦めさせようとしたり、申請却下をしたりしてきました。これに対しても審査請求や裁判をして、働く能力があっても働く場所が確保できなければ稼働能力不活用とは言えず保護の要件を満たすのだ、というあたりまえのことを認めさせることに成功しました。[*4]

それでは明らかに働く能力がない高齢者については簡単に保護を認めたかというと、そうではありません。高齢の野宿者に対しても、子どもに養ってもらえとか、年金があるはずだから保護できないとか（住所がないと年金を受け取れないのはわかっているのに）、やはりいろんな理屈をつけて保護を拒もうとしました。何度となく、福祉事務所による申請拒否に対して抗議したり、対応を是正するように申し入れをしました。

なぜ、生活に困窮する人々に対して必要な保護を実施する責務を負っている福祉事務所が、住居もないほど困窮し、だれにも頼れず過酷な野宿生活をしている人を含め、生活困窮者に対して保護の申請拒否など水際作戦をしたり、過度な「就労指導」によって保護を諦めさせたりといった対応をしつづけているのでしょうか。

その背景には、福祉事務所の職員たちが世間一般の人々と同様にある種の正義感をもっているという事情があるように思われます。どんなことがあっても自分で働いて自力で生活を支えるべきだ、生活に困ったら家族で支え合え、お上には死にそうになってもできる限り頼るな、という自立自助と相互扶助の観念です。自立自助の考え方からすれば、怠けているから生活困窮になるのであって、保護をするとますます怠けるから本人のためにならない、ということになるのでしょう。そのために、保護を必要としている人の保護を平然と拒否することができるのです。また、先ほど述べたようにホームレスの人を含め、生活に困窮している人自身がこうした自立観念を共有しているため、保護を必要としているにもかかわらず保護を諦めたり、拒絶したりすることさえあるのです。「自立と連帯の強制」、これが日本社会の貧困をつくりだしている最大の要因です。日本の貧困問題は、自立自助、自己責任論だけでなく、家族の相互扶助責任論と密接にかかわっているのです。「共助」には会社という共同体内での相互扶助も含まれます。日本の社会保障が家族や企業を前提としてつくりあげられているため、家族や会社から切り離された人々（失業者・無業者だけでなく非正規労働者も含め）がいかに窮乏状態に墜ちやすく、傷つきやすいか、すでにだれの目にも明らかでしょう。

自民改憲案と「自立と連帯の強制」

日本社会の貧困を生みだしている「自立と連帯の強制」を端的に表現するスローガンが、よく福祉分野などで言われる「自助、共助、公助」です。順番が重要なのであって、まず第1に自助、次に共助、できる限り公助には頼らないというのが、日本型福祉社会の考え方です。

日本社会において支配的なこのような考え方を典型的に表しているのが、自由民主党の2012年憲法改正草案前文です。

日本国民は、国と郷土を誇りと気概を持って自ら守り、基本的人権を尊重するとともに、和を尊び、家族や社会全体が互いに助け合って国家を形成する。

我々は、自由と規律を重んじ、美しい国土と自然環境を守りつつ、教育や科学技術を振興し、活力ある経済活動を通じて国を成長させる。

日本国民は、良き伝統と我々の国家を末永く子孫に継承するため、ここに、この憲法を制定する。

日本国憲法の前文と比較してみましょう。

日本国民は、正当に選挙された国会における代表者を通じて行動し、われらとわれらの子孫のために、諸国民との協和による成果と、わが国全土にわたつて自由のもたらす恵沢を確保し、政府の行為によつて再び戦争の惨禍が起ることのないやうにすることを決意し、ここに主権が国民に存することを宣言し、この憲法を確定する。

日本国憲法の目的は、「わが国全土にわたつて自由のもたらす恵沢を確保」すること、つまり人権を保障することです。そのために日本国憲法という約束を結び人権保障の手段として日本国をつくりだしたのです。

ところが、自民改憲案を見ると、「日本国民が国と郷土を気概を持って自ら守」ることが目的となっており、国家＝手段、国民の人権＝目的という関係が逆転し、国家が目的に、国民が手段になっていることが一目瞭然です。しかも、国をどのようにして守るのかと言えば、「活力ある経済活動をつうじて国を成長させる」というのです。これはつまり国民が企業などで精一杯働いて企業と国を豊かにさせろということです。国を守り、経済的に発展させるために国民みんながんばって働くべきだ、と言うのです。ということは、そのために役に立たない人々など尊重に値しないということになるのでしょう。

自分の生活を支える自助や共助とは、企業に自発的に服従して働き儲けさせることをつうじて国（を掌中に握っている人々。結局一部の政治家と企業経営者や投資家ということになるでしょうか）を豊かにさせることであり、個人の自由な発展や自己実現などとはまったく異なるもの、その反対物になっていると言えるでしょう。「自立と連帯の強制」が経済至上主義、優生主義と結びついているのが、自民改憲案の本質的な特徴です。この自民改憲案前文こそ、日本社会の貧困と家族が抱える問題を生みだす思想をはっきりと打ち出したものだと言えます。

そして、このような自民党の改憲案や「自立と連帯の強制」に対抗する社会構想を提示しているのが、日本国憲法の人権体系であり、その要となっているのが24条個人の尊厳と両性の本質的平等規定にほかなりません。

2　人権体系における24条の位置

個人の尊重と個人の尊厳

日本国憲法は日本社会の貧困を生みだす「自立と連帯の強制」を克服し、すべての人に対して自由な幸福追求への権利を平等に保障することを目的としています。日本国憲法が保障する人権については個々の条文をバラバラに眺めていてはその意味を十分に捉えることはできません。人権規定の体系的理解が必要です。またその体系的な理解の鍵となっているのが憲法24条なのです。

憲法24条が家族生活における個人の尊厳と両性の本質的平等を定めていることは、もはや言うまでもありません。しかし、「個人の尊厳」とは何でしょうか。従来「個人の尊厳」とは13条の「個人の尊重」と同じく「人間の尊厳」を意味するものだとか、個人の人間としての尊厳を意味するとか言われてきました。「個人の尊重」、「人間の尊厳」、「個人の尊厳」という三つの言葉が本当に同じ意味をもっているのでしょうか。このような素朴な疑問から24条の意味を探っていきたいと思います。

13条は「すべて国民は、個人として尊重される。生命、自由及び幸福追求に対する国民の権利については、公共の福祉に反しない限り、立法その他の国政の上で、最大の尊重を必要とする」と定めています。

「個人の尊重」とは人一般としていわば無色透明で立場を入れ替えることができる「個人」を尊重することだと言われます。個人は神様や民族、国家、そして現代ふうに言えば会社など個人を超越した価値の手段ではなく、個人それ自体が目的であるということです。その個人は一人ひとり生まれながらに自由であり、平等な存在であるべきなのです。しかし、個人が自由であるということは、だれかを殴ったり傷つけたりすることも自由だということではありません。私が他者を殴るのは暴力で、他人を恣意的に支配するのは権力です。自由、人権とは暴力を否定し、権力を制限するものなのです。暴力を否定し、権力を制限してこそ、「わたしのことはわたしが決める」ということが正しい、と言えるようになるのです。この「正しい」ということが「権利」というものです。一人ひとりの個人は生まれながらに自己決定の権利をもっているのです。ただし、これは権利であって義務ではありません。自分のことを自分で決定できない人であっても、自己決定権をもつ資格があります。自分でさえ決められないことを、ほかのだれかが決定する権利をもっているはずがありません。自分の幸せを自分で決められないとしても、他人が勝手に、これこそあなたの幸せだ、と言って押しつける権利などないのです。他者の押しつけや恣意的な支配に対しては、いやだという権利があるというのが自己決定、個人の尊重の本質的な意義です。つまり、権力への対抗ということです。

こうした生来の自由を平等に保障する手段として国民みんなの協力によってつくりだされたのが国家です。国民みんなが人権を守るために国家をつくって協力しようと言って結んだ約束が憲法です。この生来の権利である人権は「侵すことのできない永久の権利」（憲法11条）です。仮に人権を不当に制限する法律を国民の代表である国会が定めたとしても、それは違憲無効となります（憲法98条）。一人ひとりの個人が、それぞれ自由に自分の幸福を追求して生きることを平等に保障しよう、というのが日本国憲法の目的なのです。

それでは、24条個人の尊厳はどのような意味をもっているのでしょうか。これを理解するためには、日本国憲法の人権規定全体を体系的に読み込む必要があります。また、他の章で論じられているように、憲法起草過程から歴史的に捉えることも必要です。

居場所なき24条

これまで憲法学の通説では、24条の個人の尊厳は13条の個人の尊重と基本的に同じ意味であり、封建的な家制度から個人一般を解放したものであるとみなされてきました。また、両性の本質的平等も14条「すべて国民は、法の下に平等であつて、人種、信条、性別、社会的身分又は門地により、政治的、経済的又は社会的関係において、差別されない」と「性別」による差別をも禁止している法の下の平等規定と同じ趣旨だと理解されてきました。[*5]個人の尊重や平等を、特に女性を抑圧してきた家制度を解体することによって家族の領域にまで徹底させようとしたものが24条だというわけです。

しかし、すでに他章で論じられているように、24条の個人の尊厳と両性の本質的平等は、単に家制度を解体することのみを目的としていたのではありません。重複するところもありますが、あらためて24条の意味をその誕生の歴史を振り返りながら考えてみましょう。

その前に、日本国憲法第3章国民の権利及び義務全体をちょっと眺めてみましょう。まず11条。この憲法が保障する基本的人権は「侵すことのできない永久の権利」だと定めています。国民全体の利益のためだとしても、一人の人権を侵すことは許されないのが原則なのであって、人権を制限するためには正当な、ときにはやむにやまれぬ理由がなければならないのです。国民全体の安全のためという名目で日米安全保障条約を結び、地位協定や駐留軍用地特別措置法により沖縄に在日米軍基地の76%以上を集中させているのは、仮に安保条約が合憲だったとしても、沖縄の人々の人権を日常的に侵害している現状を顧みれば、法の適用については14条法の下の平等に違反しており違憲だと言うべきでしょう。

日本国憲法の人権のいわば総則的規定である13条個人の尊重と14条法の下の平等が、すべての人に自由な幸福追求の権利を平等に保障しています。ちなみに日本国憲法が保障するのは国民の権利ではなく、

「人権」であることに注意しなければなりません。すべての人が生来有する権利が人権ですから外国籍の人にも当然ながら人権が保障されます。歴史的経緯から見てみれば、むしろ外国、アメリカ合衆国の独立宣言で初めてすべての人は生来自由で平等であるべきだと宣言されたのであり、その後、日本は１７０年もの間、人権などいらないと拒否してきたのですが、日本国憲法を制定して初めて「日本国民」にも人権を保障することにしたのです。日本国憲法が国内に居住する外国人にも平等に人権を保障しようとしていることは、前文を読んでもわかります。

> 日本国民は、正当に選挙された国会における代表者を通じて行動し、われらとわれらの子孫のために、諸国民との協和による成果と、わが国全土にわたつて自由のもたらす恵沢を確保し、政府の行為によつて再び戦争の惨禍が起ることのないやうにすることを決意し、ここに主権が国民に存することを宣言し、この憲法を確定する。

日本国憲法の目的は、「わが国全土にわたつて自由のもたらす恵沢を確保」することです。つまり、国民だけに対してだけでなく、わが国全土に存在する人々に対して「自由」を保障することが目的なのです。

15条参政権は国民固有の権利とされていますが、法律の制定という国政にかかわる請願をする権利や国家賠償請求権は外国人にも認められています。そして18条から23条まで諸種の自由権が定められています。

これら自由権規定に続くのが24条個人の尊厳と両性の本質的平等です。そのあとには25条健康で文化的な最低限度の生活を営む権利、26条教育を受ける権利、27条勤労する権利など社会権規定が続きます。自由権規定と社会権規定に挟まれているのが24条です。しかし、このような順番については、憲法学者など専門家もまったく気にしてきませんでした。憲法の教科書では24条は13条や14条の付け足しのような扱いを受けるか、まったく無視されることさえ少なくありませんでした。24条が13条や14条とほとんど変わらない意味しかもっていないのだとすれば、それもやむをえないということになるのでしょう。しかし、本当にそうなのでしょうか。24条の位置、憲法の条文の順番というものを真面目に受けとめる必要があるように思います。それは、起草過程を見るとよりはっきりします。

24条と社会権規定の起草過程

日本国憲法は、敗戦によりポツダム宣言を受け入れ、根本的な体制変更をともなうある種の「革命」の結果誕生しました（戦後憲法学を代表する宮澤俊義氏はこれを「八月革命」と呼びました）[*6]。ポツダム宣言は、「日本国国民ノ自由ニ表明セル意思ニ従ヒ平和的傾向ヲ有シ且責任アル政府」を樹立すべきであり、また「日本国政府ハ日本国国民ノ間ニ於ケル民主主義的傾向ノ復活強化ニ対スル一切ノ障碍《しょうがい》ヲ除去」すべきであること、「言論、宗教及思想ノ自由並ニ基本的人権ノ尊重」が確立されるべきであることを求めました。そのため、祭政一致の天皇制や憲法により与えられ、かつ法律で制限される臣民の権利を定めていた大日本帝国憲法は、改正されざるをえないことになったのです。ＧＨＱは日本政府による自主的な憲法改正を期待していましたが、政府が用意した草案はポツダム宣言の原則に相容れないものであったため、ＧＨＱ

は民間の憲法研究会の「憲法草案要綱」や世界各国の憲法などを参考に短時間で憲法草案をまとめました。[*7]

これをもとに日本政府は日本国憲法草案を帝国議会に提出したのです。憲法改正案を審議したのは女性参政権が認められ女性議員も参加した第90回帝国議会でしたが、審議過程では草案にいくつもの重要な修正が加えられました。このように国民の代表である議会が熟議によって生みだしたのが日本国憲法なのです。

他の章で紹介されているように、GHQ民政局内で憲法草案起草作業に加わった人たちの中にベアテ・シロタさんがいました。彼女の存在ぬきには日本国憲法24条も25条生存権規定も論ずることはできません。彼女が憲法研究会の草案や各国憲法を参照して、24条や社会権規定の元となる草案を起草したのです。

GHQ民政局行政部内に憲法草案準備のための諸委員会が設けられましたが、その一つ、ベアテ・シロタさんも加わった人権に関する委員会が1946年2月初めに作成したのが憲法草案の「人権」の章でした。[*8]それは、1総則、2自由権、3社会的権利および経済的権利、4司法上の人権の4部に分かれており、日本国憲法24条の原案となった条文は3社会的権利および経済的権利の冒頭におかれていました。24条はいわば社会権の中でも最も重要な基礎的規定であったと言えます。

《3　社会的権利および経済的権利》

第　条　家庭は、人類社会の基礎であり、その伝統は、善きにつけ悪しきにつけ国全体に浸透する。

それ故、婚姻と家庭とは、法の保護を受ける。婚姻と家庭とは、両性が法律的にも社会的にも平等であることは当然である〔との考え〕に基礎をおき、親の強制ではなく相互の合意に基づき、かつ男性の支配ではなく〔両性の〕協力に基づくべきことを、ここに定める。これらの原理に反する法律は廃止され、それに代わって、配偶者の選択、財産権、相続、本居の選択、離婚並びに婚姻および家庭に関するその他の事項を、個人の尊厳と両性の本質的平等の見地に立って定める法律が制定さるべきである。

第　条　法律は、生活のすべての面につき、社会の福祉並びに自由、正義および民主主義の増進と伸張《のみ》を目指すべきである。国民の福祉を制限しまたは破壊する傾向をもつすべての法律《、合意、契約または公的もしくは私的な関係》は、国民の福祉を増進するものによって代置さるべきである。この目的を達成するため、国会は次のような法律を制定するものとする。

妊婦および乳児の保育に当たっている母親を保護援助し、乳児および児童の福祉を増進し、嫡出でない子および養子並びに地位の低い者のために正当な権利を確立する立法

確立された真理に基づいた無償の普通義務教育を設立し、維持する立法

児童の搾取を禁ずる立法

公衆衛生を改善するための立法

すべての人のために社会保険を設ける立法

勤労条件、賃金および就業時間について適正な基準を定め、勤労者の団結する権利および団体交渉をする権利並びに《〔生活に〕必要欠くべからざる職業以外のすべての職業において》ストライキをする権利を確立する立法

知的労働並びに内国人たると外国人たるとを問わず、著述家、芸術家、科学者および発明家の権利を保護する立法

第　条　すべての成人は、生産的な勤労により生計をたてる権利を有する。《その人間に適切な職業が見つけられないときは、その生活の維持に欠くことのできぬものの給付がなさるべきである。[*9]》

自由権規定に続き、24条原案を先頭にして福祉、教育、労働に関するさまざまな社会権規定が続いています。24条が自由権規定と社会権規定との間に位置づけられているのはなぜでしょうか。それは、すべての人に自由を現実的に保障するためには、社会的な諸権利を保障することがどうしても必要だからです。

3　人権体系における24条の意義

家族の保護と家族による保護――24条と自民改憲案

24条原案は「家庭は、人類社会の基礎であり、その伝統は、善きにつけ悪しきにつけ国全体に浸透する。それ故、婚姻と家庭とは、法の保護を受ける」と、社会の基礎である家族を保護すべきことを定めています。これは、いったいどういう意味でしょうか。

自民党の24条改憲案と比較してみましょう。24条改憲案は「家族は、社会の自然かつ基礎的な単位として、尊重される。家族は、互いに助け合わなければならない」と定めています。

この改正の趣旨については「人権保障における家族の重要性は、国際的にも広く受け入れられている観点であり、世界人権宣言16条3項は「家族は、社会の自然かつ基礎的な単位であり、社会及び国による保護を受ける権利を有する」と規定されています。草案の24条1項前段はこれを参考にしたものです[*10]」と解説されています。しかし、家族が「社会及び国による保護を受ける権利を有する」ということと、「家族は、互いに助け合わなければならない」という考え方はむしろ対立するものです。

世界人権宣言16条2項は、家族は社会的な保護なくして家族としての機能を果たすことができないという認識を前提として、家族が国家に対して保護を求める権利を保障すべきだと言うのです。ところが、自民改憲案は家族構成員に対して互いに支え合うべき義務を課しています。これがどんなに危険なことなのか、少し具体的に考えてみましょう。

いろんな事情で生活に困窮する家族がいますが、ここでは高齢の親と障害をもった成人の子ども二人の家族を考えてみましょう。自民改憲案では高齢であっても、障害があっても、それぞれ働ける限り働き、お互いに助け合うべきだということになります。実際にそのように他者の援助や保護などを受けずに二人だけでがんばりぬき、結果としてともに餓死してしまったり、あるいは負担に耐えきれず心中を選んでしまう家族がいることを私たちは知っています。

真面目で誠実そうなサラリーマンの夫と妻、子どもたちのはた目からは幸せそうな家族も、実は夫の妻に対する日常的な暴力により地獄のような日々を送っていることがありうる、ということを私たちは知っています。このような家族についても、本来家族は助け合うべきだという考えをとことんつらぬこうとするわけです。たとえば妻が一人逃げ出したらどうでしょうか。子を捨てていくひどい母だと非難されかねません。そして、住むところも食べるものにも事欠く状態で福祉事務所に保護を申請すると、夫のところに帰ったほうがよいのではないかとか、扶養義務者である夫に扶養できるかどうか問い合わせるとか、言ったりするわけです。そうしたら、その女性はどうなるでしょうか。夫の暴力から命からがら逃げ出したのに、見つけられ連れ戻されるかもしれないのです。もはや保護を諦めざるをえないでしょう。はたしてこれが、日本国憲法24条のめざすものなのでしょうか。それはまったく違います。

24条の核心――「男性支配の否定」

ベアテ・シロタさんの草案をもう少し見てみましょう。

憲法24条と読み比べてみてください。何か気になる言葉はありませんでしたか。そう、「婚姻と家庭とは、……親の強制ではなく相互の合意に基づき、かつ男性の支配ではなく〔両性の〕協力に基づくべきことを、ここに定める」と書いてありますね。「親の強制」や「男性の支配」を否定して初めて個人の尊厳と両性の本質的平等が保障されるというのです。この草案を初めて見たときは衝撃的でした。

「親の強制」や「男性の支配」というのは、単に封建的な家制度を否定するという趣旨なのでしょうか。ベアテ・シロタさんは少女時代を日本で過ごしたため、当時の日本の女性たちがいかに虐げられていたのか十分知っていました。家制度の中で苦しんでいた女性を解放し、自由にすること、男性と平等の地位を確保することをベアテ・シロタさんが考えていたのは当然でしょう。しかし、それだけではなかったのです。ベアテ・シロタさん自身が「自由、平等の国」アメリカ合衆国で、いやと言うほど思い知らされた「女性の非力さ」への憤りが背景にあったのです。[*11] 封建的で身分制的な支配が存在した日本で女性が虐げられていたのはあたりまえだったとも言えるかもしれません。しかし、全人類の平等を宣言し、生命、自由、幸福追求を生来の権利として平等に保障していたアメリカ合衆国において、ベアテさんは女性であるがゆえに理不尽な扱いを受けました。学生時代に教授から受けたハラスメント、米国を代表する『タイム』誌でリサーチャーとして働いていたとき上司から受けた理不尽な扱い。たとえ近代立憲主義の自由と平等を理念とする社会であったとしても、女性は常に男性に支配され虐げられていたのです。こうした近代主義的な男性支配の構造をこそ、ベアテ・シロタさんは克服したかったのです。

現在の24条には「男性の支配ではなく」とか、「親の強制ではなく」とかいった言葉はありませんが、これらなくして個人の尊厳と両性の本質的平等は成り立ちえません。「個人の尊厳」という概念の中に、しっかりと「男性の支配」の否定が刻み込まれているのです。つまり、「個人の尊厳」は、抽象的な人一般としての個人ではなく、経済的な力など権力をもった夫とそれに依存、服従させられている妻といった具体的な状況におかれた「個人」の尊厳を謳ったものなのです。支配する者と支配される者という具体的状況下の「個人」が相互に位置を交換しえないのは当然です。そういった意味で24条個人の尊厳と13条個人の尊重とはまったく異なります。同一であるのは、夫に支配される妻にも、自己決定権、自由な幸福追求権を平等に保障すべきであるという点です。

13条個人の尊重はもっぱら国家権力を制限することによって、個人の自己決定権、自由を保障するものだと理解されてきました。国家からの自由という考え方です。しかし、24条は、国家があえて家族に介入することによって、夫や父のわがまま勝手な支配を制限し、暴力を否定することで女性個人の自己決定権を保障しようとするものです。国家による自由と言えます。ドメスティック・バイオレンスを例に考えてみましょう。13条個人の尊重を国家からの自由を定めたものだと考えれば、国家はあえて家族というプライバシーの領域に介入すべきではない、家族という私的領域の自治を尊重すべきだということになり、ドメスティック・バイオレンスを禁止する立法は慎重であるべきだ、ということになるでしょう。しかし、それではドメスティック・バイオレンス被害に苦しむ女性個人の自由はまったく尊重されないことになります。それに対して、24条はむしろ国家が家族に積極的に介入し、封建的な支配を排除すべきであるのはもちろん、形式的な自由・平等の建前のうえで男性が女性を恣意的に支配し暴力を振るうことを禁止する立法をすべきであると定めているのだと言えます。国家がドメスティック・バイオレンスを放置することは立法不作為による憲法違反の恐れがあるということになります。自由に幸せを追求して生きるどころか、日常的な暴力により、自由になる意欲さえ奪われ、自分の幸せを想い描くことなどできない人々にこそ自由を保障すべきだ、というのが24条の趣旨なのです。

しかし、よくよく考えてみると13条個人の尊重がただ国家からの自由を定めたものだと解釈すること自体が不自然だと言うべきでしょう。個人というのは、人間一般ではなく、生まれ育ち、他者や世界とかかわりながら現に生きている多様な存在です。この多様な個人が、どんな状況におかれていても、「わたしのことはわたしが決める」という自己決定権を保障されるべきだ、自由に幸福を想い描いて追求する権利を保障されるべきだ、というのが13条個人の尊重の本当の意味だと言うべきです。

性別二元論の克服と性の多様性

さて、24条の意味をもう少し掘り下げて考えてみましょう。

男性支配、夫による妻の支配を否定するのが24条の趣旨だと言いましたが、それではなぜ妻が夫に支配され、服従させられるのでしょうか。それは、女性の側に何らかの要因があるからではありません。妻が夫に依存せざるをえないのは、たとえば雇用差別のため女性の働く場所が制限されたり、女性の賃金が安かったりするからです。だから、妻が生きるために夫に依存せざるをえないことになるのです。封建的な家制度がなくても、この社会の中に雇用差別など女性差別構造があるから、家庭の中で女性が男性に依存せざるをえない状況が生みだされるのであり、だからこそ女性が男性に服従させられることになるのです。社会の中での男性支配、家庭の中での男性支配、男性優位の性別二元論によって世の中の仕組みが成り立っており、人々の意識もつくりあげられているのです。男性は力強くあるべきだ、女性は優しくあるべきだといった素朴な考え方も、性別二元論の産物です。これが男性支配、ドメスティック・バイオレンスなどを生みだし、正当化する役割を果たしているのです。こうした男性優位の性別二元論を打ち破り、性の多様性を尊重しようとするものこそ、24条個人の尊厳と両性の本質的平等なのです。

最近よく同性婚を24条が認めているか否かが問題とされますが、24条が男性優位の性別二元論を打ち破り、性の多様性を尊重するものだという本質的意義を理解すれば、24条が同性婚を禁止しているなどという解釈は出てくるはずがありません。結婚は契約の一つです。封建的な家制度によって結婚の自由が制限されていたわけですが、それを撤廃し、結婚契約の自由一般を確立したのだという近代主義的解釈をとっても同性婚が禁止されているはずがないと言うことはできます。しかし、それだけでなく、性別二元論を批判し、性の多様性を認めようというのが24条なのですから、女性同様に性別二元論によって苦しめられている同性愛者の権利を尊重しようとしているのは当然だと言えるでしょう。

4　24条と自由の現実的保障――すべての人の自由な幸福追求への権利

24条の意義を簡単に整理しておきましょう。第一に男性支配を否定していること、第二に性別二元論を克服して性の多様性を認めようとしていることです。しかし、24条の意義はそれだけにとどまりません。なぜ、男性支配が成り立っているのでしょうか。なぜ妻が夫の恣意的支配に服従させられているのでしょうか。それは女性が性別二元論、雇用差別により経済的に自立する条件を制約されているからでした。だから生きるために夫に依存せざるをえないことになり、だからこそ、夫の恣意的支配や暴力を甘受せざるをえないことになっているわけです。夫の保護に依存せざるをえないからこそ、服従を強いられている女性たちにも、いやなことはいやだと言う自由を保障するのが24条の意義です。しかし、生きるために他者の援助を必要とし、依存せざるをえない状況にある人々は女性たちばかりではありません。

いろんな事情でだれかの援助を受けなければ生活できない状況にあるからこそ、いやなことをいやだと言えない立場の人は「妻」だけには限られません。たとえば身体機能が制約されているから身辺自立が困難な障害者や高齢者、経済的に独り立ちできない子ども、生活困窮者は生きるために何らかの援助を必要とします。だからこそ、保護をしてくれる人に服従を強いられ、保護者のわがまま勝手な振る舞いや暴力に耐えざるをえないこともあるのです。社会的には立派に「自立」した存在とみなされる会社員ですら、会社に世話になっているから会社に見はなされたら大変だと、会社、上司の言いなりになり、それどころか先を競って自発的に服従し会社のために働いています。これでは、いやなことをいやだと言えないどころか、いやだという気持ちすらすり減らしてしまいます。そうして「過労死」に象徴される過酷で貧困な労働環境が生みだされているのです。

このように他者（夫、健常者、会社など）に依存せざるをえない状況にあるからこそ、服従を強いられている人々に自由を保障しようというのが、24条の本質的意義なのです。24条の意義は、家族の中の、女性の自由や権利を保障するということのみにとどまらないのです。

ところで、他者の保護に依存している人が、本当にいやだと言ったらどうなるでしょうか。たとえば収入のない妻が夫の暴力に対していやだ、やめてと言って、家を出ざるをえないことになったら、どうなるでしょうか。住むところも食べるものも失ってしまいます。そんな恐怖に耐えられる人は多くないでしょう。そうすると、いやだという気持ちを無理やり抑えつけて、夫の暴力に耐えて生きつづけざるをえないことになります。それでは自由などまさに絵に描いた餅になってしまいます。

そこで、そうならないように、保護に依存せざるをえない人も含めすべての人に自由な幸福追求を平等に保障するために25条以下の社会権規定があるのです。

25条は、仮に住むところを失い、食べるものがなくなったとしたら、国に対して住むところや食べるものも含め、健康で文化的な最低限度の生活を営むのに必要なものを請求してください、それはあなたの権利なのです、だから安心して逃げてきてだいじょうぶですよと呼びかけているのです。国が保護を提供する義務を負っているのは、保護を必要とする人が他者（夫など）に依存し、服従することを抑制して自由を保障するためなのです。

他者に依存せざるをえない理由が、知識や技能がなかったり、不十分なためだということもあるでしょう。だから26条は知識や技術を身につけるため教育を受ける権利を保障しているのです。そして、教育により知識や技術を身につけ、それを活用して働く権利を27条は保障しています。ところで、働くということはどういうことでしょうか。働くというのは単にモノをつくるということではありません。たとえば建物をつくったり、道路や鉄道をつくったりということは、ただモノをつくるということではありません。建物をつくり、机やイスをつくることによって、学校や大学ができ、多くの人が切磋琢磨して学ぶことができるようになり、真理の探究も可能になります。議事堂をつくることで国民の代表が議論し、国民の総意として法律を制定することができるようになります。世界という舞台の上で人々が語り合い、議論し、愛を語り合うことができるようになります。共に働く人々と喜びを分かち合うなかまになれます。そのように働くということは、なかまとこの世界をつくりだすものなのです。[*12]

しかし、いまの世の中で働くということは、ほとんどの場合、会社に雇われて働くことにならざるをえません。そうすると強い立場の会社が低賃金や長時間労働、劣悪な労働条件を労働者に押しつけ、労働者が服従を強いられることになります。そこで憲法27条2項は賃金や労働時間などの労働条件を法律で定めることとして、会社の好き勝手にさせないようにしています。そして国会が制定した労働基準法1条は「労働条件は、労働者が人たるに値する生活を営むための必要を充たすべきものでなければならない」と定めています。

しかし、いくら法律で労働条件を定めていても、実際に立場の強い会社、上司に対して、労働者個人がそれは労働基準法違反ですよと文句を言うことは難しいでしょう。そこで、一人で文句を言うことができないのであれば、なかまたちみなで文句を言ってもよいと「団結権」を28条が保障しているのです。

そして、働いて築き上げた財産を活用して自由に幸福を追求していけるのです。財産がないとか、少ないとか、収入がないといった人たちも含め、健康で文化的な最低限度の生活を営む権利を保障するなど「公共の福祉」を整備するためにこそ、財産や収入が多い人たちは税を出し合うべきなのです。

こうして、他者の援助を必要とする人々を含めて、すべての人に対して平等に自由な幸福追求の権利を体系的に保障しているのが日本国憲法なのです。このように日本国憲法が体系的に人権保障を行っていることに気づくためには、24条の本質的理解が必要です。

生存権保障、とりわけ生存権を具体的に保障する生活保護法について、人はよく最後のセーフティーネットと呼んだりします。しかし、日本国憲法の人権体系が全体としてすべての人が自由に幸福追求するためのセーフティーネットになっているのです。ところで、セーフティーネットとは何でしょうか。具体的なモノとしてのセーフティーネットを思い浮かべてください。そう、あのサーカスの綱渡りや空中ブランコなどのセーフティーネットですね。セーフティーネットはいったい何のためにあるのでしょう。鍛え抜かれ、華麗な演技を行う技術と精神力をもっているサーカスのスターが、足を踏み外して落ちるはずがありません。それでは、ネットは不要なのでしょうか。ネットを外してしまったらどうなるでしょうか。どんなに高度な技術や精神力をもっているスターでも、普段どおりの華麗な演技を行いつづけることは難しいでしょう。そうです、セーフティーネットは落ちた人を救うための道具ではないのです。もちろん、落ちた人がいた場合、ネットがボロボロで助けることができなければまったく役に立ちません。しかし、ネットは落ちた人を助けることを第一の目的としているのではないのです。この自由だからこそ危険に満ちた社会の中で、すべての人が自由に自分の幸せを想い描いて幸福を追求していくことを可能とするためにこそ、セーフティーネットがあるのです。自分は落ちることなどない、落ちるのは努力が足りないからだとか怠け者だからだとか言ったり、ときにはセーフティーネットなどいらないから取り去ってしまえと叫んだりするような、結局のところこの世の中の危険に気づかずにいる危なっかしい人々のためにこそ、セーフティーネットがあるのだと言ってもよいかもしれません。保護に依存せざるをえないような状況にある人、危険を冒しながらも華麗な演技を追い求める人、自分は用意周到だから絶対落ちないと思い込んでいる人、自分のまわりにある危険に気づかない注意力散漫な人、自信過剰で他者を怠け者などと非難する人、そんな人たちを含め、すべての人が自由に自分の幸福を想い描いて追求していくことを保障しているのが、日本国憲法なのです。そして、24条こそが、日本国憲法の人権体系の要となっているのです。

〔注〕

＊1　現に人権を侵害されながら異議申立の機会を奪われているホームレスの人たちなどのもとへ話を聴きに行き、人権侵害の状況を明らかにし、ともに人権保障を求めていく可能性を追求する憲法学のあり方を、私は臨床憲法学と呼んでいます。笹沼弘志『臨床憲法学』（日本評論社、２０１４年）。

＊2　同前書、17章参照。

＊3　笹沼弘志『ホームレスと自立／排除――路上に〈幸福を夢見る権利〉はあるか』（大月書店、２００８年）序を参照してください。

＊4　笹沼弘志「生活保護法における不利益処分と稼働能力活用要件の憲法適合的解釈について」（『賃金と社会保障』１６４８号、２０１５年）９頁以下参照。なお、稼働能力活用要件については、前掲、笹沼『ホームレスと自立／排除』３章および、同『臨床憲法学』15章も参照してください。

＊5　24条が封建的家制度から個人、特に女性を解放することを目的としたもので13条や14条の家族生活関係における発現にすぎず、消極的な自由権的人権を保障するだけのものだという解釈を確立したのは、法学協会編『註解日本国憲法　上』（有斐閣、１９５３年）４７１頁です。こうした解釈を批判し、24条は「夫と妻の関係が、平等な個人の合意に基づく「愛」の関係と位置づけられながら、それにもかかわらず夫の支配が正当化される」「近代市民家族」をも克服するものだといち早く指摘したのが若尾典子氏です。若尾典子「「女性の人権」への基礎視角」（『名古屋大学法政論集』１０９号、１９８６年）２６８頁。

＊6　宮澤俊義「新憲法の概観」（国家学会編『新憲法の研究』有斐閣、1947年）11頁。
＊7　高柳賢三ほか『日本国憲法制定の過程Ⅰ　原文と翻訳』（有斐閣、1972年）39頁。
＊8　同前、111、217－234頁。
＊9　同前、223－227頁。なお、引用中の〔　〕は訳者注、《　》は英語原文のタイプ原稿に手書きで加えられていたものです。
＊10　自由民主党「日本国憲法改正草案Q＆A増補版」17頁。
＊11　ベアテ・シロタ・ゴードン（平岡磨紀子構成・文）『1945年のクリスマス――日本国憲法に「男女平等」を書いた女性の自伝』（柏書房、1995年）118頁。
＊12　ドイツ出身のユダヤ人の政治哲学者ハンナ・アーレントは人間の活動力として「活働」「仕事」「労働」の三つをあげ、物質的な新陳代謝・労働力の消費にすぎない労働と世界をつくりだす仕事を区別しています。仕事は人々が議論するという「活動」を行う舞台となる世界をつくりだすものなのです。憲法27条の「勤労」はただの労働ではなく、アーレントの言う「仕事」だと解すべきでしょう。ハンナ・アレント（志水速雄訳）『人間の条件』（ちくま学芸文庫、1994年）。

第5章　非暴力平和主義の両輪
——24条と9条

清末愛砂

1　9条と24条の密接な関係

戦争や武力行使がない世界＝平和？

本章では、家庭生活における個人の尊厳や両性の本質的平等を謳う24条が、前文や9条とともに憲法の平和主義原理と前文で示されている「平和のうちに生存する権利」（平和的生存権）を構成する重要条文であることを説明します。前文二段で「全世界の国民が、ひとしく恐怖と欠乏から免かれ、平和のうちに生存する権利を有することを確認する」と書かれていることからもわかるように、平和的生存権を理解する際に鍵となる言葉は「恐怖」と「欠乏」です。言うなれば、平和的生存権とはこれらから解放された生活を送る権利を意味します。既存の憲法学の解釈や護憲運動の中では、平和主義イコール9条のイメージが強く、残念ながら24条の価値を平和主義の観点から評価する視点は広く共有されてきませんでした。日本社会はジェンダー意識が低く、また平和の概念も狭く捉えられてきたからでしょう。

しかし、私たちが望む平和は、戦争や武力行使が存在しないことだけを意味するわけではありません。戦争や武力行使がなくても、私たちの日常生活の中には、たとえば性暴力、セクシュアル・ハラスメント、民族差別、いじめ、貧困といったさまざまな形態の暴力や差別、経済的困窮等が存在します。とりわけ、家族構成員間にある支配関係が生みだすドメスティック・バイオレンス（ＤＶ）や児童虐待等のファミリー・バイオレンスの場合、日々の暴力の実態が外部の目には触れにくいため、深刻化しても被害者救済にいたることが少ないのです。また、戦争や武力行使が行われた場合、それは生身の人間の殺傷のみで終わるわけではありません。生活の基盤である家屋等のインフラの破壊や難民化にともなう貧困生活、また兵士による戦時性暴力等、多岐にわたる問題が生じます。

これらはすべて恐怖と欠乏を構成するものです。こうした問題に苦しんでいる人々にとってみれば、日常生活はけっして平和なものとは言えないでしょう。したがって、平和的生存権が達成された社会を構築しようとするときには、まずもって平和の概念を広く捉えることが必要です。そのうえで戦争や武力行使に加え、社会の中に根強く残るあらゆる差別や暴力または貧困を引き起こす各種の要因を理解し、それらを根絶していくことが求められます。これらの要因は、私たちが生きる現代社会の大小の暴力をともなう差別的な構造と深く結びついています。また歴史的に積み重ねられてきた結果でもあります。さらには、公的・私的領域を問わず、日本社会のあらゆる領域におけるジェンダー不平等の歴史がその構造と密接にかかわっています。そうであるからこそなおさら、平和的生存権の達成をめざす際には、9条とあわせて24条の価値を平和主義の観点から評価していく試みが求められるのです。

平和主義＝非暴力に基づく社会の構築

天皇主権国家であった大日本帝国の抑圧的な体制は、軍事主義や植民地主義、および男性優位の秩序に基づく家制度や妻に対する夫の支配権である夫権に代表される家父長支配・性支配により築かれていました。教育勅語等を用いた愛国／皇民化教育は、国内外の人々に甚大な被害を与えた軍事主義と植民地主義を内面から支える強力な手段として機能しました。家制度や夫権もまた同帝国の軍事主義や植民地主義を支える手段としての側面をもっていました。

日本国憲法は大日本帝国のあり方を全面的に否定し、「われらとわれらの子孫のために、諸国民との協和による成果と、わが国全土にわたつて自由のもたらす恵沢を確保し、政府の行為によつて再び戦争の惨禍が起ることのないやうにすることを」（前文一段）志しています。戦争や武力行使は政治の世界の中だけで決定され、実行されるものではありません。それらを容易にするために、社会の構成員には日常生活を通して戦争体制を人的および精神的に支えることが求められます。そうした理解に基づき、前文で、①戦争体制を遂行するための国家政策を強制されない自由（第3章「国民の権利及び義務」においては、たとえば18条の奴隷的拘束や苦役からの自由、19条の思想および良心の自由、21条1項の集会・結社・表現の自由等が考えられます）を個々人に保障し、②それらの行使により、政府が戦争を始めることを未然に防ぐという発想が示されているのです。

こうした観点に立てば、平和主義が日本国憲法の原理のうち最も重視される基本的人権の尊重と共鳴することがわかります。国家の介入から解放された自由な個人を尊重すること（＝自由のもたらす恵沢の確保）なくして、平和を達成することはできないのです。

序章で言及されているように、安倍首相は日本国憲法施行から70年目を迎えた２０１７年5月3日に、具体的な明文改憲の項目を示しました。その一つが自衛隊を9条に明記するという案でした。１９５４年の創設以来、自衛隊は日本社会に存在してきたのだから、自衛隊明記はその現実を憲法上で追認するにすぎないと単純に考える人もいるでしょう。しかし、自衛隊明記はそれほど単純な問題ではありません。自衛隊は他国の軍隊同様に男性中心の支配関係により維持されてきた軍事組織です。また、その支配関係のもとで個々の自衛官には戦闘性を示す「男らしさ」が求められてきました。そうした性質を有する軍事組織を憲法上の公的な組織として位置づけるということは、ジェンダー差別に基づく軍事主義的な社会の構築にお墨付きを与えることになります。この視点から9条自衛隊明記論を考えていくと、それが24条の価値を著しく脅かすものであることが見えてきます。なぜなら、24条はジェンダーに基づく差別や暴力を排することで平和的生存権を確立しようとする条文であるからです。

本章を理解するうえでの最重要用語は〈非暴力〉です。日本国憲法制定当時の9条は、国家としての自衛権を放棄しているか否かの議論はありましたが、少なくとも①戦力の保持（＝軍備）と交戦権を全面的に禁止・否認（9条2項）することで、自衛を含むすべての戦争・武力による威嚇《いかく》・武力行使を放棄（9条1項）し、②またそうすることで日本が率先して自国のみならず全世界の平和構築をめざす、と解釈されていました。[*1] この点に鑑みると、日本国憲法の平和主義のオリジナルな意味は、究極的な暴力を生みだす軍事力と対極にある、非暴力に立脚した社会の構築をめざすものであったと言えます。

しかし、９条だけでは非暴力な社会をつくることはできません。上述したように、平和主義に基づく平和的生存権が保障された社会とは、戦争や武力行使のみならず、日常生活で生じているさまざまな形態の差別や暴力の恐怖および貧困等の欠乏から解放された空間を意味するからです。そのような非暴力な社会の完全構築のためには、ＤＶ等のファミリー・バイオレンスや武器使用を含む各種の暴力に依拠しない、非暴力な個人を育てることが求められます。それを可能とするのが、家族構成員間の支配関係を否定し、平等な関係性と個人の尊厳を謳う24条の精神です。このように、９条と24条は互いに補完しあいながら、非暴力を核とする平和主義を支える両輪となっているのです。

2　積極的平和とベアテの平和・人権思想——積極的平和主義との違い

積極的平和主義——日本の安全保障政策の新理念

２０１３年以降の日本の安全保障政策においては、その基本理念として「積極的平和主義」(Proactive Contribution to Peace) が掲げられるようになりました。一見すると、世界に向けて憲法の平和主義やそれに沿った政策を積極的にアピールしているような印象を与えます。では、実際のところそれは何を意味するものなのでしょうか。２０１３年12月17日に閣議決定された「国家安全保障戦略[*2]」を通して、その意味を見ていきましょう。

国家安全保障戦略の中では積極的平和主義の定義そのものは明示されていません。しかし、安全保障に関する政府の認識や取り組みを見ていけば、その意味がはっきりします。その認識と対応は次の文章に示されているとおりです。

我が国を取り巻く安全保障環境が一層厳しさを増していることや、我が国が複雑かつ重大な国家安全保障上の課題に直面していることに鑑みれば、国際協調主義の観点からも、より積極的な対応が不可欠となっている。我が国の平和と安全は我が国一国では確保できず、国際社会もまた、我が国がその国力にふさわしい形で、国際社会の平和と安定のため一層積極的な役割を果たすことを期待している。[*3]

日本を取り巻く安全保障環境の変化の厳しさを示す具体的な問題としては、たとえば大量破壊兵器の拡散による脅威や世界各地で生じているテロ、他国の経済危機が世界経済に与える影響、中国の台頭、および朝鮮民主主義人民共和国（いわゆる「北朝鮮」）の核・ミサイル開発による軍事力の強化とそれによる日本を含むアジア太平洋地域の緊張関係の高まり等があげられています。[*4]

そのうえで、こうした安全保障環境の変化に対応するための方策として、①「経済力及び技術力の強化に加え、外交力、防衛力等を強化し、国家安全保障上の我が国の強靭性を高めること」および②「国際協調主義に基づく積極的平和主義の立場から、日米同盟を基軸としつつ、各国との協力関係を拡大・深化させるとともに、我が国が有する多様な資源を有効に活用し、総合的な施策を推進する」ことの2点が掲げられています。[*5]

これらの考え方が示すように、国家安全保障戦略とは〈安全保障環境の変化〉という名のもとで日本にとっての「敵」を定め、それに対する施策として自国の防衛力と日米を中心とする他国との軍事同盟を強化する政策を進めていくことを意味します。また、「防衛装備品の活用等による平和貢献・国際協力に一層積極的に関与する」こと、および「防衛装備品等の共同開発・生産等に参画すること」も謳われています。[*6] 人を殺傷する武力行使を支える武器を含む防衛装備品の活用を推進することが平和貢献であり、国際協力というわけです。それに加え、「我が国の主張を国際社会に浸透させ、我が国の立場への支持を集める外交的な創造力及び交渉力」[*7]の必要性も戦略としてあげられています。これらの特徴から積極的平和主義の性質を判断すると、それは軍事力への依拠、大国主義、ナショナリズムに基づく〈積極的軍事主義〉と呼ぶべきものです。

憲法前文は日本の外交上の平和構築のあり方として「恒久の平和を念願し、人間相互の関係を支配する崇高な理想を深く自覚するのであつて、平和を愛する諸国民の公正と信義に信頼して、われらの安全と生存を保持しようと決意した」(二段)と述べています。このような考え方は、具体的な「敵」を明示し、それらの国を防衛力の強化により抑制するという積極的平和主義の発想とは真逆の精神を示すものです。しかし、それはけっして非現実的な理想を述べているわけではありません。大日本帝国の軍事主義とナショナリズムの成れの果てとしての廃墟の経験に基づいて、日本を含む全世界の平和をつくるための現実的な外交方法を提示しているのです。それを受け、憲法9条1項も「正義と秩序を基調とする国際平和を誠実に希求」するための現実的手段として、戦争や武力による威嚇および武力の行使の放棄を規定していると解することができるでしょう。

平和学における積極的平和と平和的生存権

「平和学の父」と呼ばれるノルウェーの数学者ヨハン・ガルトゥング氏は、暴力を平和の対置概念として位置づけました。また、暴力を①直接的暴力（たとえば、戦争や武力行使のように直接的に身体や精神を痛めつける行為）、②構造的暴力（たとえば、差別や貧困のように政治的および経済的構造から生じる苦しみ）、および③文化的暴力（弱者を切り捨てる発想に立ち、直接的暴力と構造的暴力を正当化および合法化するために用いられる思想等の文化的側面）の三種類に分類しました[*8]。

ガルトゥング氏が1969年に構造的暴力という概念を示した際に、「積極的平和」(Positive Peace) という考え方が同時に提唱されました。当時、ガルトゥング氏は直接的暴力が存在しない状態を「消極的平和」(Negative Peace)、それに対し、直接的暴力に加え構造的暴力が存在しない状態を積極的平和と位置づけていました。しかし、その後の理論的発展を経て、現在では、上記の3種類の暴力が存在しない状態を消極的平和と呼んでいます。また、消極的平和に加え、人が肯定的に生きることができるための〈何か〉がある状態（たとえば、公平な判断がなされる、福祉制度が充実している、平和のための文化や対話が存在している等）を積極的平和と呼んでいます。

ガルトゥング氏は、平和を「十二分かつ活発に活用されるべき能力」と解釈したうえで、「その能力が活用されればされるほど、いっそう成長するのであり、決して使い果たしてしまうものではない」と指摘しています。[*9] また、平和が「共感・創造性・非暴力を追求する能力」[*10]であるとも述べています。紛争解決や平和構築のためには、①自らと他者とのかかわりにおいて、相手に対する深い理解としての共感を欠かすことができず、②対立している紛争当事者の主張を両立させ、相反している両者の主張から生じる矛盾を超えたところに解決を求めようとすると創造性が必要となり、③暴力を回避するためには、非暴力が目標のみならず手段としても求められるからです。[*11]

ガルトゥング氏の平和の概念を見ると、日本の安全保障政策の理念である積極的平和主義と平和学における積極的平和は似て非なるものであることがわかります。換言すれば、前述のように前者は軍事力に依拠するものであり、後者は暴力に依拠しない平和的手段により非暴力な社会を構築することを意味します。

憲法が規定する平和的生存権とは後者により実現されるものです。そもそも9条が戦争・武力による威嚇・武力行使を放棄し、戦力の保持および交戦権を禁止・否認している以上、積極的平和主義は憲法の要請に反します。また、積極的平和の理解に立てば、平和的生存権とは9条や24条のみならず、13条（個人の尊重）、14条（平等原則）、25条（生存権）を複合的に組み合わせることにより成り立つと言えるでしょう。平和的生存権研究の第一人者として知られてきた憲法学者の深瀬忠一氏も、同様の解釈を示しています。

戦争と軍備および戦争準備によって破壊されたり侵害ないし抑制されることなく、恐怖と欠乏を免れて平和のうちに生存し、またそのように平和な国と世界をつくり出してゆくことができる核時代の自然権的本質をもつ基本的人権であり、憲法前文、とくに第9条および第13条、また第3章諸条項が複合して保障している憲法上の基本的人権の総体である[*12]（後略）。

深瀬氏は、平和的生存権を生まれながらだれもが有している自然権としての基本的人権の総体であると捉え、人権を基調とすることで平和が達成されると考えたのです。

ベアテ・シロタさんの平和・人権思想

24条の原案を作成したベアテ・シロタさんは、「女性が幸せにならなければ、日本は平和にはならないと思った。男女平等は、その大前提だった[*13]」と自伝の中で述べています。第3章でも紹介されているように、オーストリア生まれのベアテさんは、著名なピアニストであった父レオ・シロタさんが東京藝術大学教授を務めていた関係で、幼い頃に約10年間日本に住んでいました。その間にベアテさんは、大日本帝国時代の女性たちが家父長支配や性支配により抑圧されてきた姿を目撃していました。そうした経験ゆえに、GHQ民政局スタッフとして日本国憲法草案の起草作業にかかわることになったときに、ベアテさんは女性の権利と日本の平和を結びつけて考えることができたのです。

レオさんは1929年に来日するまではウィーンに住んでいましたが、もともとはロシア出身のユダヤ人です。1900年代初頭にロシアで吹き荒れた反ユダヤ主義によるポグロム（1820年代以降にロシア帝国で起きたユダヤ人に対する集団的な襲撃や虐殺のこと）を逃れて、ウィーンに渡りました。ウィーンで学び、ピアニストとしてヨーロッパ各地でその名が知られることになりましたが、ユダヤ人迫害からは逃れることができませんでした。1920年代以降、露骨なユダヤ人排斥の動きが始まったからです。レオさんは音楽家の山田耕筰氏の招聘で東京藝術大学にポストを得ましたが、当初は半年間の滞在を予定しているだけでした。しかし、それを延長して日本への移住（1946年に米国へ移住）を決意させた理由の一つは、日本にはヨーロッパほどの激しいユダヤ人迫害がなかったからです。[*14]

レオさんはウィーン移住後にオーストリア国籍を取得しましたが、日本滞在時の1938年にドイツがオーストリアを併合し、1941年11月にドイツ政府が在外ユダヤ人の国籍をはく奪したため無国籍になりました。[*15] そのため、娘のベアテさんも1939年にアメリカに留学する際に、ビザの取得に苦労しました。[*16] このようにレオさんはユダヤ人迫害ゆえに住み慣れた地を離れ、活動拠点を移さざるをえなかったのです（しかも、弟のピエール・シロタさんはアウシュヴィッツで殺害されています[*17]）。

ベアテさんはヴァイマール憲法や北欧諸国の憲法等を参考にしながら、24条の原型を含む女性と子どもの人権に関する多数の条文案（ベアテ・シロタ草案）を起草しました（その詳細は第4章を参照ください）。残念なことにその多くはGHQ案から削除されてしまいました。しかし、ベアテ・シロタ草案を見ると、嫡出でない子の平等な取り扱い（ベアテ・シロタ草案19条）や女性・子どもその他恵まれない集団に属する人々に対する特別な保護（同29条）等が謳われており、社会的に周縁化または迫害されてきたマイノリティに対し、思慮に満ちたまなざしを向けていることがわかります。[*18] また、学校教育の基本理念を民主主義・自由・正義・平等とし、平和の向上が最も重視されることも掲げられていました（同23条）。[*19] 具体的な根拠がないため断定はできませんが、社会からの排斥対象となってきたシロタ家の経験が平和や社会的マイノリティの人権を重視するベアテさんの思想の形成に何らかの影響を与えた可能性があると言えるのではないでしょうか。

なお、先述の日本の国家安全保障戦略の中でも、「自由、民主主義、女性の権利を含む基本的人権の尊重、法の支配といった普遍的価値を共有する国々との連帯」や「紛争予防・平和構築における女性の役割拡大や社会進出促進等について、国際社会と協力していく」ことが言及されています。[*20] しかし、この戦略が軍事力への依拠を前提とし、また軍事主義の性質が男性支配の秩序に基づいている以上、それはジェンダー秩序による暴力や差別を生みだす要因にこそなれ、女性の平和や人権を保障するものにはなりません。これに対し、女性を含むマイノリティへの視点を有する平和学における積極的平和やベアテさんの平和・人権思想は、あらゆる人が各種の暴力や差別から解放され、個人として平等に取り扱われることを保障する考え方です。また、自らの人生を開花させていくために必要とされる社会保障等の権利を正当に行使できるような社会の構築をめざすものでもあります。

3　24条と平和主義

非暴力とともにある個人の尊厳と両性の本質的平等

24条を特徴づける重要なエッセンスは、同2項で謳われている個人の尊厳と両性の本質的平等にあります。これらが保障されるためには、自らと他者を尊重することにより人々の尊厳が脅かされることがない社会、すなわち支配関係がない対等な人間関係に基づく非暴力な社会の構築が必要とされます。そのような社会は大日本帝国とは正反対にあるものです。

天皇主権国家であった大日本帝国は、天皇を国家の父とし天皇の家来である臣民を天皇の子として位置づける〈家族国家〉でした。そのような国家を下から従順に支えるために、家父長支配と性支配に基づく画一的な家族秩序が求められました。その手段となったものが、明治民法（1947年改正以前の民法の親族編と相続編のこと）により導入された家制度や夫権でした。同民法は近代民法一般に見られる夫／父権を規定していた、家父長的なフランスのナポレオン法典をモデルとして制定されたものです。

夫婦間の不平等に加え、家を基礎的単位と位置づけ、戸主（原則長男単独相続）に家の構成員に対する一定の権限（戸主権）を付与するかたちで支配関係を築くと、国家の土台を形成する強固な細胞ができあがります。土台が崩れてしまえば、国家全体すなわち国体の崩壊にもつながりかねないため、こうした制度の導入が求められたのでした（家制度の実際の運用状況、「家」の変遷、明治民法改正の動きについては第３章を参照ください）。夫婦間および「家」の構成員間で形成された権力関係は家族内の暴力や差別を生み、これらを温存する要因にもなってきました。

大日本帝国は、愛国／皇民化教育および厳しい監視体制のもとで人々を戦争へと駆り立て、対外的には植民地支配と軍事侵略を積極的に推し進めた国家でした。その結果、おびただしい数の犠牲者を国内外で出しました。これは、①戦争や軍事侵略という直接的暴力だけでなく、②民族差別と搾取に基づく植民地統治および性差別的な家制度や夫権といった構造的暴力に加え、③こうした体制を支えた排外的な愛国心やナショナリズムといった文化的暴力を国家が行使したことを意味します。

これらの暴力を生む体制と密接な関係を有する家制度と夫権は、憲法24条に基づいてなされた１９４７年の民法大改正により廃止されました。平和主義の観点から廃止の意義を考えると、それはきわめて暴力的な軍事国家であった大日本帝国のあり方そのものが問われ、解体が求められた点にあったと言えるでしょう。大日本帝国の歴史は、強権的な国家体制のもとでは、個人の尊厳と両性の本質的平等がけっして達成しえないものであることを明確に示しています。

９条と24条を結ぶもの

第二次世界大戦後の日本は軍事力に依拠した大日本帝国の苛酷な結果を教訓に、非暴力の平和的国家像を国内外に見せることから出発しました。人の行動様式や内面を縛る抑圧的な国家政策や社会規範、および家族内の支配関係から解放された、多様な家族のあり方を保障する画期的な24条をもつことができたのは、このような新しい国家構想をもつことができたからでしょう。[*21] ここに9条と24条の平和主義としての結びつきを見ることができます。同時にこれらの条文の組み合わせは「男性にたいしても、人間的であることを要請し[*22]」、家族の名のもとで生命を脅かすような自己犠牲を強いられないことを求めています。

しかし、1950年代に入ると日本の再軍備化を求める改憲の動きが始まりました。その最初の一つが、1954年11月に保守政党の自由党（1955年に日本民主党と合流し、自民党の結成へ）憲法調査会が発表した「日本国憲法改正案要綱」でした。この中で24条は9条とともに改憲ターゲットとなりました。具体的には夫婦とその子からなる家族を標準とし、それらから構成される血族共同体を保護・尊重する等の規定を導入することが示されました。[*23] 再軍備を求める保守改憲派により9条と24条が同時期から改憲対象とされた理由は明確です。再軍備化を担う人材を維持するためには、①女性に子どもを産み育てるという固定的な性別役割分担に基づく従順な母親役割を強いること、および②子どもを再び戦場に送らないために平和を希求する母親の活動を否定し、再軍事化を支える親子関係を重視することが必要であったからです。[*24]

また、改憲の動きが始まった年が自衛隊設置年と同じであることにも注意しておく必要があります。

9条と24条のセット改憲を狙う保守改憲派の動きは、今日にいたるまで基本的に同じ発想のもとで継続されてきました。それは大日本帝国時代の家制度の根底にある考え方と酷似するものです。これらの動きの中でもとりわけ注目すべきものは、２０１２年4月27日に自民党が決定した「日本国憲法改正草案」でしょう。国防軍の設置とともに、愛国心と家族主義を強く打ちだす前文と24条の改定案が具体的に示されたからです[*25]（その詳細は第4章を参照ください）。

平和主義としての24条が家族に求めるもの

精神分析家のアリス・ミラー氏は、ユダヤ人の迫害や虐殺を引き起こしたナチス・ドイツの総統アドルフ・ヒットラーらが、幼年期に権威主義的な家庭教育環境の中で経験した苛酷な虐待経験に着目しながら、家族内での暴力と社会で起きる暴力との関係性を解明しました。ミラー氏の分析に基づくと、家庭内の支配関係を利用してなされる絶対的弱者である子どもへの虐待こそが、戦争や民族浄化といった社会における巨大な直接的暴力やそれを生みだす構造的暴力、およびそのような暴力を支える文化的暴力の要因となると言うことができます。

そうした解明に基づき、ミラー氏は「社会が、日ごと数え切れない数の子どもたちが精神的に殺されており、その結果社会が苦しむことになるのだということに気をつけるようにならないかぎり、私たちは出口のない光なき迷路に迷い込んでしまいます――どれほど善意の軍縮計画が立てられたとしても[*26]」と警告しました。

ミラー氏の分析は社会の平和構築にとって欠かすことができない重要な要素を示しています。それは非暴力な家族関係が非暴力な個人を育み、それが結果的に非暴力な社会の構築につながるという点です。この論理を非暴力に基づく平和主義としての24条の解釈に適用すると、同条が求める個々の家族のありようが明らかになります。それは第一に、第1節で言及したように各種のファミリー・バイオレンスや武器使用等の暴力（戦う兵士になることを含む）に依拠することを主体的に否定できる非暴力な人間を育む場になるということです。第二に、戦う兵士をつくることを拒否する人間を育む場になるということです。そして第三に、子どもたちが人を傷つける暴力や支配関係ではなく、個人の尊厳につながる非暴力の意義について学ぶことができる場になるということです。

これらの24条の要請に基づき、家族の中で暴力につながる芽を摘む試みがなされない限り、ミラー氏が言うように「どれほど善意の軍縮計画が立てられたとしても」、またどれほど9条で戦争や戦力の不保持が謳われようとも、平和をつくりだすことはできません。

上記の点に加え24条は、家族に対し、軍国主義や愛国心を強制することで戦争体制を構築しようとする国家政策の危険性を認識することができ、かつそれらに唯々諾々と従わない人間を育てることも求めています。こうした人間が育たなければ、自由で民主的な社会を実現させることはできません。また、そうでなければ、国益や国家安全保障の名のもとで強権的に軍事化を推し進めようとする政府を安易に誕生させることにもつながります。さらには、仮にそのような政府がつくられてしまったときに、抵抗できるだけの民衆の力を生むこともできないでしょう。

4　暴力装置としての軍隊――男性支配と戦闘性

軍隊は民衆を守るか

軍隊とは、「組織体の名称は何であれ、その人員、編成方法、装備、訓練、予算等の諸点から判断して、外敵の攻撃に対して国土を防衛するという目的にふさわしい内容をもった実力部隊[*27]」のことを意味します。自衛隊の主な任務は、日本の平和と独立、安全のために国土を防衛することにあります（自衛隊法3条1項）。自衛隊は、憲法9条2項により戦力の不保持が禁止されているために軍という名称こそ使用していませんが、この定義に従えばその実体は紛れもない軍隊と言うことができます。

では、「国土防衛」「自衛」を掲げて軍事行動に従事する軍隊は、民衆の生命を守るものなのでしょうか。その回答は、大日本帝国の歴史、とりわけアジア・太平洋戦争末期に沖縄を捨て石の戦場にした沖縄戦での皇軍（大日本帝国の軍隊＝天皇の軍隊）の行動から得ることができるでしょう。

大日本帝国は、主権者の天皇を守るために、またその天皇が住む「本土」を守るために、沖縄を筆舌に尽くしがたい凄惨な戦場に変えました[*28]。こうした残酷かつ差別的な決断により、12万人以上とも言われる沖縄の住民の生命が奪われました。住民は米軍の攻撃によってのみ殺されたわけではありません。スパイ容疑をかけられた住民が皇軍兵により殺害された例もあります。また、米軍につかまると八つ裂きにされる、強かんされる、そうなる前に自決すべきと教え込まれてきたために、迫りくる米軍の進撃の中で結果的に集団死（いわゆる「集団自決」）を選んだ／選ばされた住民もいます。このような非情な行為を可能にしたのが、大日本帝国の内国植民地である沖縄の住民に対する同化政策や臣民としての愛国／皇民化教育であったことも忘れてはなりません。

自衛隊員は隊員になるときに、「服務の宣誓」（自衛隊法施行規則39条）を行うことが義務づけられています。宣誓書には先に自衛隊の使命として国の平和と独立を守ることが示され、最後に「事に臨んでは危険を顧みず、身をもつて責務の完遂に務め、もつて国民の負託にこたえる」誓いが書かれています。しかし、沖縄戦が語るように、軍隊は「国土防衛」と称して一般民衆に犠牲を強いることこそすれ、本質的にはその生命を守らないのです。

また、自衛隊法3条1項は「必要に応じ、公共の秩序の維持に当たるものとする」ことも任務として規定しています。すなわち「治安維持」の名のもとで、自衛官が国家政策に抵抗する人々に銃を向ける可能性があるということです。この点も看過することはできません。とりわけこうした弾圧は、在日朝鮮人や沖縄の人々のように、この社会で最も虐げられてきた者たちに向けられることになるでしょう。

また、「国土防衛」「自衛」と言うと聞こえがいいですが、その名において行われる戦争・武力行使の現場の状況は凄惨を極めたものです。１９４６年6月26日の衆議院帝国憲法改正案第一読会で戦争の放棄の意味を問われた吉田茂首相（当時）が答弁の中で指摘したように、「従来近年の戦争は多く自衛権の名に於て戦われ」[*29]ています。

筆者は２００２年にイスラエルの占領下にあるパレスチナのヨルダン川西岸地区ナーブルスで非暴力抵抗運動に従事していたことがあります。当時、イスラエル軍は「自衛」「対テロ」を主張し、同地区でパレスチナ人に対する容赦ない軍事作戦を敢行していました。滞在中、大雨のような激しい銃撃音が鳴り響くナーブルス近郊のパレスチナ難民キャンプの中で、恐怖のあまり身体をまったく動かすことができなくなった日がありました。寄りかかっている壁にあたる鈍い着弾音の振動を身体全体で感じる以外になすすべがない状況下で、筆者は血を吐くような思いをしながら、武力行使の絶望的なまでの残忍さを呪いました。激しい恐怖心と緊張を生じさせる戦争経験は一過性のもので終わらないことが多々あります。身体は戦場から解放されようとも、精神的には戦場の中で生きつづけることを強いられる人々がいるということです。沖縄戦を経験したおじいやおばあ、そして筆者自身がそうであるように。

こうしたリアルな経験を通して、これほどまでの残酷な攻撃を生みだすものの正体の一つを学びました。それは、いかにも正当性がありそうに聞こえる「自衛」「安全保障」「対テロ」といった言葉です。戦場ではこれらの言葉が武力行使を促す〈マジックワード〉としての機能を果たします。また、武力行使の残虐性を高めるのです。[*30]さらにここで重要なのは、大日本帝国時代の戦場の話をしているわけではないという点です。筆者のパレスチナでの経験は、まさに〈現代の戦争〉のリアリティを示す事例の一つです。こうした現代の事例を通して、軍隊をもつ国家の暴力性——直接的暴力、構造的暴力、文化的暴力——を学ぶことができるのではないでしょうか。イスラエルを例にして考えると、①パレスチナ人に対する大小の軍事攻撃（直接的暴力）、それを正当化する②パレスチナ人に対する各種の差別的な占領政策（構造的暴力）や、③上記のマジックワード、パレスチナ人に対する偏見等（文化的暴力）が組み合わさることで、軍事国家の暴力性が形成されてきたと言えます。

安保法制とジェンダーに基づく暴力

一般民衆をけっして守ることがない軍隊による暴力は、戦場における殺傷行為だけではありません。命令に対する絶対服従を強いる支配体系により統制されている軍隊は、一人ひとりの兵士に「強い男らしさ」を体現する行為として、躊躇なく〈敵〉を打ち負かすことを要求します。こうした戦闘性は、有事に限らず平時における一人ひとりの兵士の行動にも影響を及ぼしうるものです。

２０１５年９月19日に成立した一連の安全保障関連法により、歴代政権が違憲としてきた集団的自衛権の限定行使が可能となりました。また、米軍を中心とする外国軍への後方支援活動の内容も大幅に拡大されました。こうして、自衛隊が他国軍とともに海外で武力を行使する道が拓かれたのです。それは同時に、９条と24条を基軸とする非暴力による平和構築のあり方を完全に否定することを意味していました。

こうした状況下で９条に自衛隊が明記されれば、憲法上の公的な存在として自衛隊は海外で堂々と武力を行使できるようになります。また、そうすることを求められることにもなります。そうなると、過度な緊張をともなう戦場に派遣され、戦闘ストレスを負った自衛官が、自衛隊内部で暴力の加害者になることも考えられます。これらの暴力の中には、自衛隊の男性支配イデオロギーと結びつくことで生じる女性自衛官に対する性暴力も含まれることになるでしょう。これまでも自衛隊内部ではセクシュアル・ハラスメントが多発してきましたが[*31]、安保法制下で武力行使の機会が増大すると、ハラスメント事案はさらなる増加を見せることになるのではないでしょうか。また、これらを含むジェンダーに基づく数々の暴力は、自衛官の家族、自衛官が派兵された地域に住む女性、および自衛隊の基地周辺等に住む女性に対しても向けられる可能性があります。

さらには、PTSD(心的外傷後ストレス障害)や戦場での爆風によるTBI(外傷性脳損傷)を負った自衛官が、自傷行為、鬱、記憶障害、不安症状等に苦しむことも考えられます。その場合、派遣先からの帰還後または除隊後の社会生活に大きな支障をきたすことにもなりかねません[*32]。また、こうした当事者が配偶者や子ども、恋人のような身近にいる人々に対する暴力の加害者になる可能性も否定できません[*33]。このような暴力は24条が謳う個人の尊厳を脅かすものです。自衛隊の海外派遣の増加にともない、帰還自衛官によるファミリー・バイオレンスが社会で広く問題視されるような事態が生じると、政府はそれを国家安全保障政策の円滑な遂行に対する障壁の一つとして考えるようになるかもしれません。そうなると、個々の隊員の家族生活上の問題が外部に漏れ出ることを防ぐために、自衛隊内部で秘密裏に個別事案への対応が図られることになるでしょう。また、被害者がDVの被害者支援団体等の外部組織に相談することを躊踏させる雰囲気も強化されていくのではないでしょうか。それが結果的に加害のさらなる隠蔽につながり、被害者救済を阻むことになるのです。

5 社会の軍事化と私たちの生活——非暴力な社会をめざして

本章では、大日本帝国の家父長支配と性支配の歴史および平和の概念に着目しながら、非暴力を共通点とする24条と9条が憲法の平和主義の両輪であることを論じてきました。またそれを通して、個人の人権や尊厳および対等な人間関係を基調とする非暴力な社会の構築が求められる理由と、そのような社会の構築を阻むものの正体を明らかにしてきました。

国会内の数の論理を用いて強行成立にいたった安全保障関連法や、現在自民党や民間の保守改憲派が急速な勢いで推し進めている9条への自衛隊明記の動きは、安倍自公政権による軍事力に依拠した安全保障政策の主軸となるものです。最初の明文改憲が成功すると、次には自衛隊の正規軍化や24条に家族の尊重等の文言を導入することを求める改憲が待っているでしょう。事実、保守改憲派のシンクタンクとして知られる日本政策研究センターの代表である伊藤哲夫氏は、同センターの月刊誌の中で自衛隊明記の意味を次のように述べています。

この「9条加憲案」では自衛隊は「軍」になることはなく、自衛隊がもつ「権能」もまた残念ながら変わることはない。しかし、その「地位」については実は大きく変わる、ということだ。と同時に、それに伴い、後に述べるように国民の自衛隊に対する認識、更にいえばこの自衛隊を中心とする国民の安全保障に対する考え方もまた根本的に変わる、ということでもある。

これは実に大きな意味をもつはずで、むしろこうした国民の安全保障に対する認識の変化を前提としてこそ、前にも述べたように自衛隊を「軍」に位置づけるという二段階目の本来の議論＝次のステップも可能となっていくのではないか[*34]（後略）。

この路線に沿って日本社会が進んでいけば、私たちの日常生活のさまざまな側面に軍事化のさらなる影響が色濃く現れることになるでしょう。そうなると、私たちは勇ましく戦う兵士（自衛官）を支える社会、戦う兵士（自衛官）を生み育てることが家族の美徳とされるような社会に再び住むことになります。私たちはそのような個人の尊厳を著しく脅かす、軍事優先の暴力的な社会に住みたいでしょうか。

私たちが恐怖と欠乏から解放された生活を欲するのであれば、一人ひとりが24条と9条を両輪とする平和主義のもとで非暴力な社会の構築を主体的に追求していくことが求められます。またそうすることが、そうした生活の実現に向けた早道となります。軍事化を進めるための明文改憲が現実のものとして差し迫っている現在、9条のオリジナルな意味とともに平和主義としての24条の価値を社会に広げることが、喫緊の課題となっているのではないでしょうか。

〔注〕

＊1　１９４６年６月26日の衆議院帝国憲法改正案第一読会での吉田茂首相（当時）の答弁がそのことを明示しています。官報号外「第九十回帝国議会衆議院議事速記録第六号」（１９４６年６月27日）81－82頁。

＊2　内閣官房「国家安全保障戦略について」（２０１３年12月17日国家安全保障会議決定、閣議決定　https://www.cas.go.jp/jp/siryou/131217anzenhoshou/nss-j.pdf　２０１８年２月10日最終閲覧）。

＊3　同前、３頁。

＊4　同前、５－11頁。

＊5　同前、12頁。

＊6　同前、16頁。

＊7　同前、12頁。

＊8　ヨハン・ガルトゥング（奥本京子訳）「平和学とは何か」（ヨハン・ガルトゥング／藤田明史編著『ガルトゥング平和学入門』法律文化社、２００３年）53、57頁。

＊9　同前、58頁。

＊10　同前、同頁。

＊11　同前、56－57頁。

＊12　深瀬忠一『戦争放棄と平和的生存権』（岩波書店、１９８７年）２２７頁。上記書籍では引用箇所に傍線が付されていますが、本書ではそれを外して表記しました。

＊13　ベアテ・シロタ・ゴードン（平岡磨紀子構成・文）『新装版　１９４５年のクリスマス――日本国憲法に「男女平等」を書いた女性の自伝』（柏書房、１９９７年）１５９頁。

＊14　山本尚志『日本を愛したユダヤ人ピアニスト　レオ・シロタ』（毎日新聞社、２００４年）97頁。

＊15　同前、204頁。
＊16　前掲、ゴードン『1945年のクリスマス』94－95頁。
＊17　前掲、山本『日本を愛したユダヤ人ピアニスト　レオ・シロタ』199頁。
＊18　前掲、ゴードン『1945年のクリスマス』186、188頁。
＊19　同前、186－187頁。
＊20　前掲、内閣官房「国家安全保障戦略について」27－28頁。
＊21　若尾典子『ジェンダーの憲法学──人権・平等・非暴力』（家族社、2005年）151頁。
＊22　同前、同頁。
＊23　自由党憲法調査会編『日本国憲法改正案要綱』（1954年11月5日）2頁（http://library.iss.u-tokyo.ac.jp/cgi-bin/img/img.cgi?mode=view&rgtn=6507147400&no=003　2018年2月10日最終閲覧）。
＊24　前掲、若尾『ジェンダーの憲法学』150頁。
＊25　自由民主党『日本国憲法改正草案（現行憲法対照）』（2012年4月27日決定）1、8頁（https://jimin.ncss.nifty.com/pdf/news/policy/130250_1.pdf　2018年2月10日最終閲覧）。
＊26　アリス・ミラー（山下公子訳）『新装版　魂の殺人──親は子どもに何をしたか』（新曜社、2013年）318頁。
＊27　芦部信喜（高橋和之補訂）『憲法第四版』（岩波書店、2007年）61頁。
＊28　沖縄戦に関してはこれまで多数の書籍が刊行されてきました。沖縄戦を生き延びた人々の語りを描いた近年の書籍としては、森住卓『沖縄戦・最後の証言──おじい・おばあが米軍基地建設に抵抗する理由』（新日本出版社、2016年）や吉川麻衣子『沖縄戦を生きぬいた人びと──揺れる想いを語り合えるまでの70年』（創元社、2017年）が大変参考となります。

＊29　前掲、官報号外『第九十回帝国議会衆議院議事速記録第六号』81頁（旧漢字は新漢字に、カタカナはひらがなに直しました）。
＊30　清末愛砂「わたくしたちの意識を問い続けてきた日本国憲法の平和主義」（法学館憲法研究所『今週の一言』２０１８年１月22日　http://jicl.jp/hitokoto/backnumber/20180122.html　２０１８年２月10日最終閲覧）。
＊31　２０１７年８月に筆者が北海道帯広市近郊で実施した元陸上自衛官の末延隆成氏への聞き取り調査より。
＊32　市川ひろみ『兵役拒否の思想――市民的不服従の理念と展開』（日本経済新聞社、１９９５年）46－57頁、デイヴィッド・フィンケル（古屋美登里訳）『帰還兵はなぜ自殺するのか』（亜紀書房、２０１５年）、福浦厚子「コンバット・ストレスと軍隊――トランスナショナルな視点とローカルな視点からみた自衛隊」（『滋賀大学経済学部研究年報』Vol.19、２０１２年）76－77頁、猪野亜郎朗「戦争と「見えない心の傷」――ＰＴＳＤが自衛隊員に訪れない日本社会を」（飯島滋明・清末愛砂・榎澤幸広・佐伯奈津子編著『安保法制を語る！自衛隊員・ＮＧＯからの発言』現代人文社、２０１６年）83頁。
＊33　前掲、市川『兵役拒否の思想』65－69頁。
＊34　伊藤哲夫「「９条加憲」で何が変わるのか――改めて問う「自衛隊明記」の意味と意義」（『明日への選択』２０１７年11月号）12頁。

第6章　非暴力積極平和としての憲法の平和主義

中里見博

1　憲法の平和主義の規定

よく日本国憲法の三大原理は、「主権在民（国民主権）」「基本的人権の尊重」「平和主義」だと言われます。しかし、日本国憲法に固有の特徴は、何と言っても「平和主義」の規定にあります。その規定は、日本国憲法の母胎たる西欧近代諸憲法に例を見ないからです。

憲法の平和主義は、憲法前文と9条に定められています。長くなりますが、重要なので引用しておきます（①②――は引用者）。

前文

①日本国民は、（中略）政府の行為によつて再び戦争の惨禍が起ることのないやうにすることを決意し、（中略）この憲法を確定する。（中略）

②日本国民は、恒久の平和を念願し、人間相互の関係を支配する崇高な理想を深く自覚するのであつて、平和を愛する諸国民の公正と信義に信頼して、われらの安全と生存を保持しようと決意した。われらは、平和を維持し、専制と隷従、圧迫と偏狭を地上から永遠に除去しようと努めてゐる国際社会において、名誉ある地位を占めたいと思ふ。われらは、全世界の国民が、ひとしく恐怖と欠乏

から免かれ、平和のうちに生存する権利を有することを確認する。

③われらは、いづれの国家も、自国のことのみに専念して他国を無視してはならないのであつて、政治道徳の法則は、普遍的なものであり、この法則に従ふことは、自国の主権を維持し、他国と対等関係に立たうとする各国の責務であると信ずる。

④日本国民は、国家の名誉にかけ、全力をあげてこの崇高な理想と目的を達成することを誓ふ。

第9条

①日本国民は、正義と秩序を基調とする国際平和を誠実に希求し、国権の発動たる戦争と、武力による威嚇又は武力の行使は、国際紛争を解決する手段としては、永久にこれを放棄する。

②前項の目的を達するため、陸海空軍その他の戦力は、これを保持しない。国の交戦権は、これを認めない。

2　憲法の平和主義の核心

では、前文と9条に示された日本国憲法の平和主義の画期性はどこにあるのでしょうか。それは、次の2点にあると言えるでしょう。第一に、「平和のうちに生存する（live＝生きる）」ことを「人権」と捉えたこと、第二に、戦争放棄を確実にするために「戦力の不保持」を定めたことです。

人権としての平和――すべての戦争の否定

上に引用したように、憲法前文2項は、「全世界の国民が、ひとしく恐怖と欠乏から免かれ、平和のうちに生存する権利を有することを確認する」と定めています。これは、平和を人権と捉えた、ということです。

従来、平和は人権の問題ではありませんでした。第一次世界大戦までの国際社会では、戦争は国家の主権的権利であり、戦時国際法にさえ従えば、国家は紛争解決の最終手段として戦争に訴えることが認められていました（無差別戦争観）。各国政府は、戦争をいわば政策として、議会に対する責任のもとで決定することができました。

その後、国際連盟規約（1919年）、不戦条約（1928年）、国連憲章（1945年）によって、戦争や武力の行使（以下、「戦争」は武力行使を含む広い意味で使います）は原則違法化されました。しかし、それにもかかわらず、自衛権発動の名による戦争が、厳格な条件のもとではあれ違法とはされない以上（国連憲章51条参照）、現在でも平和が人権となったとは言い難い状況です。

これに対して、日本国憲法が選択した「平和を人権と捉える」とは何を意味するのでしょうか。[*1] それは、平和の侵害つまり戦争そのものを人権侵害と捉えるということです。言い換えると、「不正の戦争」（侵略的な戦争）のみならず、「正義の戦争」（自衛権の行使としての戦争）を含むいかなる戦争も認めない、ということだと解されます。

そのように解すべき実質的な根拠として、ここでは二つのことを指摘します。まず、いったん戦争になり武力が行使されれば、国民は平時に享受していた人権のほとんどすべてを喪失してしまいます。政府批判の自由は抑圧され、家を焼かれ、生命すら犠牲にされる可能性が高まります。平和がすべての人権を享受するための根本的な条件であることは、少し考えればだれにでもわかります。戦争になったら何もかも終わりだということは――ここが大事ですが――侵略的な戦争であれ、自衛権に基づくそれであれ、変わりはないはずです。侵略に対して武力で反撃すれば、武力行使は互いにエスカレートし、何もかも失う事態はむしろ悪化するでしょう。[*2]

また、日本国憲法は「平和のうちに生存する権利」を、日本国民にだけではなく「全世界の国民」に「確認」しています。それには、日本が侵略であれ自衛であれ戦争を行うと仮定した場合の相手国の国民も含まれます。ということは、憲法は、たとえ自衛目的であっても、日本政府が戦争や武力行使によって他国の国民を殺す権限を否定していると考えられます。

殺さない権利の保障

平和的生存権が、侵略であれ自衛であれ、政府に戦争で他国民を殺さないことを義務づけていることを裏返して言うと、平和的生存権は、日本国民に、政府によって戦争で殺されない権利だけでなく、戦争で他国の国民を殺さない権利、殺すことを強いられない権利を保障していると言えます。２０１５年に集団的自衛権の一部行使を容認する安全保障関連法案に対して、「安保関連法案に反対するママの会」が「だれの子どももころさせない」というスローガンを掲げて反対しましたが、それはそのような平和的生存権の複合性（「殺されない権利」と「殺さない権利」の両方を含むこと）を見事に表現するものです[*3]。

筆者は、平和が人権として、すべての国民一人ひとりに認められたことの決定的な意義を、このだれも殺しを強いられないこと、もっと言えば、「だれも兵士にさせられない」ことに見出します。なぜなら、戦争によって必然的に、そして最初に、人としての基本的な権利を失うのは兵士だからです。鋭い社会的発言で知られる哲学者の高橋哲哉氏は言います。「兵士は戦争が始まったらまっさきに敵と殺し殺される関係に入る。……21世紀のいまでも、常備軍の兵士は戦争になったときにまず最初に敵の標的になる、いわば「弾除け」なんですよね。国家は税金でそういう軍隊を、日本の場合は自衛隊を維持している」[*4]。

兵士は訓練によって人を殺すことに耐えられる人間につくりかえられます。しかし、それでも戦場で殺される恐怖と殺す恐怖に襲われ、人を殺した罪悪感や、生還しても戦友が死に自分が生き残った自責の念にさいなまれます。アフガニスタンとイラクに派兵され、戦場の恐怖体験で心に傷を負い、ＰＴＳＤ（心的外傷後ストレス障害）を発症する帰還兵が続出しています[*5]。同じことは、アフガニスタンやイラクの兵士にも起きているでしょう。兵士にされる個人の苦しみについても、侵略の戦争と自衛の戦争を区別することはできないのです。
以上のように、だれも殺さない権利を保障する平和的生存権は、論理的にも実態的にも「だれも兵士にさせられない権利」を含み、そのことが自衛を含めたすべての戦争の否定を根底で支えています。

戦力の不保持

憲法9条は1項で戦争、武力行使、武力による威嚇を永久に放棄し、2項で「陸海空軍その他の戦力」の保持を禁止し、国の交戦権を否定しました。
9条1項の「戦争放棄」は、1791年フランス憲法以来の戦争放棄の近代憲法史や、国際的な戦争違法化の流れの延長線上にあります。しかし、戦争放棄を定める憲法は多くあっても、そのために「陸海空軍その他の戦力」を留保なしにもたないことを定めた憲法は、およそ日本国憲法以外にありません。[*6]
政府に戦争や武力行使をさせないために「戦力」をもたせないという徹底した戦争の否定が9条に定められたのは、前文の平和的生存権を制度的に保障するためである、と理解することができます。侵略であれ自衛であれ、戦争と個人の人権は相容れない――そもそもだれも殺し殺されることを当然とされる兵士にさせられてはならない――とする平和的生存権を保障するために、戦力不保持という徹底的な戦争の否定を9条は定めたのだ、という理解です。
平和的生存権と9条の関係をこのように考えれば、9条が自衛の戦争や武力行使、そのための武装集団を認めていると解する余地はありません。9条は、国民の平和的生存権を保障するために、国家の自衛のための武力行使という意味での自衛権をも否定したのです[*7]。たとえ自衛のためであっても、武力の行使は、取り返しのつかない無数の悲惨を必ず生むということを、人類はすでにいやというほど学んできました。その教訓の結晶が9条です。

3　可能性としての非暴力積極平和主義

「非暴力」への注目

戦争を人権侵害とする平和的生存権を「全世界の国民」に認めた日本国憲法は、自衛のための戦争も認めず、一切の戦力の保持をも政府に禁止しているという理解を示しました。9条が全体として戦争や武力行使を全面的に放棄し、自衛のための軍事組織も放棄したという理解自体は、憲法学界の多数説を占めてきました[*8]。しかし、現実の保守政治による運用はそれとはまったく異なり、憲法の平和主義は、自衛のための軍事力たる自衛隊プラス日米安保条約と矛盾しないものとされてきました。国民の多数もそれを支持してきましたが、専守防衛の政策を捨て去る政治の動きによって、憲法の平和主義と政治の現実の矛盾は極まっており、国民の間にも、いざとなったら軍事力に頼るという意識が強まっているように見えます。

以下では、非武装・非戦の憲法に対する二つの典型的な疑問を検討する中で、憲法の平和主義理解についての一つの可能性を示したいと思います。典型的な二つの疑問とは、非武装平和主義では、世界中で生じている紛争の解決のために日本は何も貢献できないではないかという疑問、もう一つは、非武装平和主義では他国に侵略されたとき国民の安全や生存を守れないのではないかという疑問です。[*9] 提示したい可能性とは、憲法の平和主義の積極的な原理としての「非暴力」です。政治哲学者の寺島俊穂氏が指摘するように、[*10]「非暴力の現実的可能性について真剣に考えてこなかったこと」が「憲法第9条の意味を希薄化しているのではないか」と思われるからです。「「非暴力」への関心の薄さ、「市民的抵抗の伝統の弱さ」」が、憲法の平和主義にとって「最大の問題」だと思われるのです。

非暴力積極平和主義

まず、国際的な紛争解決に対する貢献についてですが、日本国憲法が、世界で生じている紛争や不正義、人道的危機などの問題に無関心で冷淡ではないことは、前文を読めば明らかです。前文2項は、「平和の維持」はもちろん、「専制」「隷従」「圧迫」「偏狭」「恐怖」「欠乏」、つまりありとあらゆる不正義や人権侵害を克服しようと努力する「国際社会において、名誉ある地位を占めたい」、言い換えると先頭に立って貢献したいと宣言するものです。しかし他方で、9条の要請により、そのような国際的な貢献活動は非軍事の分野と方法によってのみ行わなければなりません。この二つが結びついた憲法の平和主義は、「非暴力積極平和主義」と呼ぶことができます。[*11]

ここで、「非軍事」や「非武装」ではなく「非暴力」の語を用いる理由を確認しておきます。一つは、憲法前文が単に戦争のない状態だけでなく、圧政や差別や貧困などのいわゆる「構造的暴力」のない状態の実現を求めていると解されるからです。つまり、憲法前文の求める「平和」は、単なる戦争の否定＝「非戦」ではなく、暴力の否定＝「非暴力」であるという理解に立つからです。

もう一つの理由は、9条の想定する「国際紛争を解決する手段」は何かという点にかかわります。たとえば寺島氏が明確に主張するように、自衛のための戦争や武力行使、軍事組織の保有を否定した9条は、仮に侵略を受けた場合、「非暴力手段による自己防衛」を求めていると理解できます。それは、「非暴力手段で積極的に闘い、自分たちの社会を守る」[*12]という意味です。この点からも、憲法の平和主義は非暴力積極平和主義と呼ばれるのがふさわしいと言えます。また、そのような非暴力防衛は、「日常的レヴェルで暴力容認文化から非暴力文化への転換」[*13]を求めるものと解されますから、家族領域における平等と非暴力を求める24条とも結びついてくることがわかります（詳しくは第5章を参照してください）。

非暴力介入による国際貢献

憲法の平和主義が、たとえ「積極主義」であっても「非暴力」である以上、その活動は非軍事の分野に限定され、やはり紛争の分野は他国任せになるのではないかという批判が考えられます。しかし、非暴力的手段によって、紛争に介入することは不可能ではありません。

１９８０年代から世界中の平和活動家たちが小規模な非暴力介入について経験を積み、一定の成功を収めてきました。ところが、ほとんどの国家、とりわけ軍事的な大国は、これまでこの方法を追求してきませんでした。本来、非暴力的方法による紛争介入を追求することは、非暴力積極平和主義の憲法をもつ日本の役割であると言えます。しかし日本も、まったくと言っていいほど紛争への非暴力介入に取り組んできませんでした。そこで、ＮＧＯ（非政府組織）による非暴力介入の実践と経験に学ぶほかありません。

世界各地で非暴力介入を実践してきたＮＧＯは、それまでの活動を発展させるために２００２年に非暴力平和隊（Nonviolent Peaceforce, 以下ＮＰ）という国際ＮＧＯを設立しました。ＮＰの前身にあたる団体で実際に活動した経験をもち、非暴力平和隊・日本（ＮＰＪ）の理事をつとめる大畑豊氏によれば、ＮＰの手法は次のとおりです。

紛争が発生している現地からの要請を受けて、世界各国のボランティアで構成する非武装・非暴力のチームを当地に派遣し、非暴力・直接行動・中立（政治的立場をとらない）・自治・自決権尊重の立場から、下記の支援を提供することで地域住民による紛争の非暴力的解決を促進する。[*14]

「下記の支援」とは、護衛的動向、国際的監視、緊急行動ネットワーク、非暴力と人権に関する教育プログラムの提供とされます。ＮＰは２００３年からスリランカで活動を開始し、２００７年からフィリピンのミンダナオ、２００７年４月から２００８年２月までグアテマラ、２０１０年から南スーダン、２０１２年からは、ミャンマー（ビルマ）政府と市民団体に要請され、停戦合意の監視支援と市民保護の活動援助をしています。[*15]

NPの活動はけっして万能ではありません。とりわけ激しい軍事的衝突が生じている場合、そこに入っていって軍事行動を止めることができるわけではありません。NPの活動が最も効果的なのは、武力紛争が激化するのを未然に防ぐことです。しかし、NPJの共同代表である君島東彦氏が指摘するように、「このようなNGO活動は、ミリタリー(軍隊)の活動領域を漸進的に縮小し、それをシビル(文民、市民、市民社会)の活動で置き換えようとする地道な努力」[*16]であり、もっと多くのNGOが参加すれば、さらには各国政府が同様の手法をとるようになれば、その効果はいっそう明瞭になり、より大きな成果が得られることでしょう。

憲法の安全保障構想

では、二つ目の疑問、すなわち日本国憲法の平和主義が政府に、侵略だけでなく自衛のための戦争や武力行使、そのための軍事組織の保持をも禁止しているとするなら、外国による軍事的侵害からいかにして国民の安全を守るのか、という疑問についてはどうでしょうか。言い換えると、日本国憲法の安全保障構想は何かということです。

憲法の安全保障構想の具体像は前文に示されています。前文2項に次の文言があります。「平和を愛する諸国民(英文では peace-loving peoples of the world)の公正と信義に信頼して、われらの安全と生存を保持しようと決意した」。このくだりは、改憲派によって最も強く非難されてきました。他のほぼすべての国が軍隊をもち、軍事大国が支配する国際社会において日本だけが丸腰になるのは、国民を守る国家の義務を放棄した、あまりにも無責任な理想主義であり、結局自国の防衛を他国の軍事力に委ねざるをえず、国家としての主権を放棄するものだ、と。

しかし、よく指摘されるように、憲法前文のそのくだりが「平和を愛する諸国家」ではなく「諸国民」となっていることが重要です。私たちが、その「公正と信義に信頼」を寄せ、自らの「安全と生存を保持しよう」とする「諸国民」はまた、同時に私たちが、「専制と隷従、圧迫と偏狭を除去」するよう努力し、「恐怖と欠乏から免れ、平和のうちに生存する権利」を「確認」した「全世界の国民（all peoples of the world)」でもあることを見落としてはなりません。

全世界の国民の平和的生存権を確認した日本国憲法は、政府に平和を実現するための積極的・能動的な行動を義務づけています。その場合の「平和」は、先に述べたように単に「戦争がない」という意味だけでなく、圧政や貧困や差別などの「構造的暴力がない」ということをも指しています。構造的暴力は、しばしば戦争の根本原因と言われます。圧政や貧困などの構造的暴力に苦しむ他国民がいたら、日本は国際的な人道支援活動をつうじてそれらをなくす努力をする――それは戦争の根本原因を取り除くことであり、戦争を未然に防ぐことにつながります。そのような国際貢献活動をつうじて日本の安全を守るという根源的な安全保障構想を日本国憲法は示しているのです。一言で言えば、〝全世界の国民の平和的生存権の確保をつうじた安全保障構想〟です。[17]

非暴力行動による防衛

このような安全保障構想は、他国からの武力侵害を未然に防ぐことが中心のものです。ですから、防止に失敗して、軍事的に侵攻されたらどうするのか、という問いは残ります。憲法の平和主義を非武装と捉えることに対する最大の批判は、この点、つまり自衛のための軍事組織と武力行使を否定して、どうやって国民の安全と生存を守る――安倍首相がよく使う表現では「国民の生命と財産を守り抜く」――のか、ということです。

憲法9条を国家の非武装中立と解する憲法学説では、侵略に対する対応策として、国民の武装抵抗（群民蜂起）には言及しても、非暴力抵抗に触れるものはほとんどありませんでした。[18] 市民による非暴力防衛を「憲法9条を持つわが国」では「高度に合目的的である――というよりは最高度に適合的である」と評価する小林直樹氏は、それについての「研究も努力もはなはだ少なかったのは、奇異なほどである」[19]と述べています。

前述のように、前文に示された憲法の平和概念は構造的暴力の否定を意味すると解され、非暴力は社会レベルでの脱暴力をもめざすものですから、侵略への防衛は、武装した市民の暴力的抵抗ではなく非暴力抵抗による防衛が妥当と考えます。[20] 寺島氏の論考を元に見ていきます。[21]

非暴力防衛とは、外国から軍事的侵略を受けた場合、「国民が一丸となって抵抗運動を行ない、侵略の目的を遂げさせず、軍事的侵略を敗北に追い込んでいくことをねらいとする」ものです。これまでのところ、非暴力防衛を自国の防衛政策として全面的に採用している国はないものの、「外国軍の侵略、占領に対して防衛戦争を行なわず、実際に非暴力で抵抗した歴史的事例」[*22]はいくつか存在します。どの事例でも侵略者や占領軍を撤退させることができたわけではありませんが、いずれも占領軍の支配の効率を妨げることに成功し、「外国軍の侵略に対しても非暴力で抵抗しうることの実例になっている」と言います。

それゆえ寺島氏は、いまだ「仮説的性格はまぬかれない」としつつも、非暴力防衛は「あらかじめ十分に準備をし、粘り強く闘えば、軍事的防衛より犠牲が少なく、攻撃者を撤退させうる防衛政策」として検討に値すると言います。

民主主義の実践としての非暴力抵抗

非暴力抵抗は一般に非常に誤解されていて、ほとんどの場合、「右の頬を打たれたら左の頬を差し出す」といった無抵抗と混同され、自尊心のない弱虫や卑怯者のとる態度であるとさえ言われます。しかし、非暴力抵抗は「非暴力」的手法による「抵抗」なのであり、無抵抗ではありません。組織的実践としての非暴力抵抗の父マハトマ・ガンディーは、著書『わたしの非暴力』を、「卑怯か暴力かのどちらかを選ぶ以外に道がないならば、わたしは暴力をすすめるだろうと信じている」[*23]という一文で書き始めています。ガンディーもまた非暴力抵抗に対する誤解に対し[*24]、それが卑怯とは無縁の、それとは正反対のものであることをまず説いています。

非暴力に対する意気地なし、卑怯という批判とは反対に、非暴力による抵抗運動に対しては、特殊な思想や特別に勇気のある人にしかできない道徳主義、「善き生き方」の信奉だという批判があります。しかし、非暴力行動は、私たちにとってけっして無縁なものではなく、日本を含む世界中の市民が日々実践していることです。たとえば、集会、学習会、ネットでの情報拡散、チラシ配布、立て看板、出版、デモ、座り込み、不買運動、政府交渉、国会請願、ロビーイング、訴訟、ストライキ、サボタージュ、等々。これらは、ふつう人権の行使や民主主義の実践と呼ばれますが、同時にすべて非暴力行動の実践でもあります[*25]。

他方で、暴力を行使してくる相手に対して非暴力で対抗するには、確かに勇気がいるでしょう。殴られたら殴り返すほうが簡単だと言われることもあります。しかし、暴力には暴力で返すことが本当に特別な勇気の不要な、だれにでも簡単にできることかどうかは疑問です。暴力犯罪の被害者は、抵抗したくても身体が硬直したりして何の抵抗もできない場合が多いというのが実情です。つまり暴力に暴力で返すことにも、日頃からの一定の精神的・身体的な準備と訓練が必要なのです。暴力を身につけさせることも一定の生き方の強制であることを見落としてはなりません。

暴力の行使を訓練によって職業として身につけるのが兵士です。その訓練された兵士が戦場で負うトラウマ（心的外傷）をもう一度思い出すべきです。同胞たる人間を殺傷する暴力の行使が、倫理的・道徳的な壊死をともなうことを兵士は身をもって経験し、その苦しさを伝えてくれています。暴力の行使は、それに不可欠な特別な「勇気」と大きな代償をともなうのです。暴力に対する非暴力抵抗は、たとえそれで不幸にも身心に傷を負ったとしても、同胞たる人間を傷つけないという高い倫理性を保つことができます。

非暴力抵抗の実践

非暴力抵抗では、一般の思い込みとは逆に、暴力抵抗よりも犠牲者が少ないことが、しばしば指摘されます。ほかにも、運動や組織が、暴力抵抗のようなヒエラルキー（階層性）を生みにくいことや、高齢者や妊婦、障害を負っている人、場合によっては子ども——軍隊や暴力抵抗の場合には、足手まといになったり、役立たずとして排除されたりする市民——も参加しうるというメリットも考えられます。

もし本当に「国民が一丸となった」非暴力抵抗を、外国からの侵略に対する防衛手段として採用するとしたら、平時からの訓練と教育が不可欠であると思われます。その場合には、政府もまた非暴力国民抵抗を、軍隊に代わる防衛・抵抗手段として公式に認め、訓練や教育に一定の役割を担うことが不可欠でしょう。そして、上に述べた国際的な支援活動や紛争への非暴力介入の実践を、日本の政府とＮＧＯが専門的かつ継続的に積み重ねていけば、その経験が、外国から日本への軍事的侵攻に対する非暴力防衛へそのまま活かされ、スタッフはリーダーとなるに違いないでしょう。

しかし非暴力抵抗は、主権者の抵抗権ですから、主体は市民であり政府ではありません。寺島氏が言うように、「軍事的防衛とは逆に、非暴力防衛政策の採用は、民主的社会の強化に役立ち、市民の自治能力、民主的社会への積極的参加意識を高める」[*26]ことが期待できます。

4 なぜ憲法の平和主義は生まれ、どう受容されたか

以上、日本国憲法の平和主義の理解として、その核心が平和を人権とみなした点と、戦力を放棄した点にあるとし、一つの理解の仕方として非暴力積極平和主義を提示しました。そのような見方をも可能にする平和主義の規定は、なぜ制定されたのか。次にこの点に少し触れたいと思います。9条をトータルに理解するには六つの視点から見る必要があると君島東彦氏が論じているように[*27]、制定の理由も多面的で複雑ですが、ここでは君島氏らの先行研究によりながら、ごく簡単にいくつかの側面からのみ確認します。

9条を生んだ政治力学

周知のとおり、日本国憲法は、他の多くの民主的な諸憲法のように、旧体制を打ち倒した国民によって制定されたものではありませんでした。大日本帝国憲法（明治憲法）の基本原則、とりわけ天皇制の維持を切望していた日本政府に日本国憲法（の原案）を「押しつけ」たのは、日本を占領した連合国、実際にはアメリカでした。では、なぜアメリカは日本国憲法に平和主義の規定を入れたのでしょうか。

9条は、まずもって連合国による枢軸国の武装解除という側面があります。日独伊のいずれにおいても、非軍事化条項を含む新憲法が制定されました。その中で日本国憲法9条は、大日本帝国による侵略と殺戮に対する懲罰的意味と、日本から戦後の連合諸国とりわけアジア諸国の安全を保障するためのものとして構想されたのでした。

アメリカが9条を入れたもう一つの理由は、「天皇」制度の存続のための取引という側面があげられます。アメリカは、スムーズな日本占領に利用するために何らかの天皇制度（しかも戦中と同一の人物）を残すことを決断したのですが、天皇制廃止や裕仁天皇の戦争責任追及の要求が強い他の連合諸国を納得させるために、「天皇の軍隊（皇軍）が二度と復活することはない」ことの保証として、戦力保持の禁止が入れられたという理由です。[*28]

天皇制度存続のための取引という9条の性格は、当時の日本の保守政治家にとっても重要でした。日本の保守政治家が、最初は抵抗したものの、最終的にGHQの憲法草案を受け入れたのは、天皇制度の存続を勝ち取るためでしたし、9条は敗戦で自らの政治的地位が危機に陥った保守政治家たち自身が生き残るための手段でもあったからです。GHQ民政局のホイットニー次長は、GHQ憲法草案を日本政府に手交する際、「マッカーサー将軍は、これが、数多くの人によって反動的と考えられている保守派が権力に留まる最後の手段であると考えています[*29]」と伝えたことを小熊英二氏は指摘します。

世界史的文脈

憲法の平和主義を理解するには、それが生まれた世界史的文脈に注目することも不可欠です。[*30] ここでは寺島氏の「憲法9条は、人類史的に見れば、自衛戦争をも含むすべての戦争の否定への転換点として位置づけられ[*31]」るという指摘だけ見ておきます。

9条1項が不戦条約1条と類似していることが、9条は不戦条約と同様、侵略戦争だけを否定し自衛の戦争は否定しないという解釈の根拠の一つとされてきました。それは前文の平和的生存権を無視している点でそもそも説得力を欠きますが、寺島氏は「不戦条約の解釈ではなく、不戦条約を生み出した戦争非合法化の思想に注目する必要がある」と言います。戦争非合法化の思想とは、ヨーロッパ諸国の都市を破壊し、大量の市民を巻き添えにした第一次世界大戦の衝撃を受けて生まれ、戦争を国内法上も国際法上も違法にする考えと運動で、そこには「自衛戦争や制裁戦争も含むすべての戦争の否認」が含まれていました。[*32]

寺島氏は、憲法9条をそのような流れの中で捉え、憲法9条は不戦条約の不備を補い、戦争非合法化の思想を国内法から生かした規定であるとして、「日本は戦争の合法性を否定する最初の国家として再出発した」のだと述べています。

国民の「無自覚な受容」から主体的把握へ

上記のような政治力学――アメリカと日本の保守権力の思惑――や人類史的背景をもって制定された憲

法9条を、日本の国民は強い支持をもって受け入れました。しかしそれは、和田進氏が指摘するように、敗戦直後の国民の「もう戦争・殺し合いはまっぴらだ、平和に暮らしたい」という意識には合致していましたが、平和主義条項の「主体的自覚的な価値選択という思想的営みは存在しなかった」という意味で、「無自覚な受容[*33]」でした。

しかし、憲法制定から10年もたたない間に、米ソ冷戦が激化する中、朝鮮戦争の勃発、警察予備隊の創設、その一方での講和問題の進展と政治が激変します。それに対して、戦前・戦中抑えつけられていた国民の多様な運動が展開されていきます――全面講和運動、「教え児を再び戦場に送るな」のスローガンのもとの日教組の活動、基地闘争、原水爆禁止運動、憲法擁護運動等々。そうした運動の中から、「敗戦によって与えられたものとしての「平和」から、日本の安全保障＝平和の確保という問題が自覚的・主体的な課題として浮上[*34]」してきた、と和田氏は言います。

後述するように、日本の政府は、独立を回復するとすぐに9条を改憲する動きに出たり、日米安保条約を改定したりしますが、国民は、それこそ非暴力行動で抵抗しました。平和主義をめぐる数多くの憲法訴訟が提起され、深瀬氏が言う「理論、弁論、世論」の三位一体が裁判を支えました。こうした実践をつうじて、国民は「憲法9条を主体的につかみ取り、内面化[*35]」していきました。

憲法研究者は、日本国憲法の平和主義の規定が、平和を求めて戦争を違法化してきた人類史の中に位置づけられることを明らかにしてきました。そして、近代憲法思想の核心である人権、とりわけ個人の尊厳の確立に向けた努力の延長線上に立ちながら、それを飛躍させて、「人権としての平和」を打ち出したものという理解を示してきました。本章は、そうした先行研究の肩の上に立って書かれています。

5　憲法の平和主義の歴史

非武装中立の放棄

日本国憲法の平和主義は、まだ一度も完全なかたちでは実行に移されていません。アメリカ政府は、ソ連との覇権争いが本格化する中で、「日本の民主化・非軍事化」という対日占領政策を転換し、日本を再武装させて共産主義拡大の防波堤にすることにしたのです（いわゆる「逆コース」）。

まず1950年に朝鮮戦争が勃発すると、GHQは指令を出して「警察予備隊」を創設しました。「警察」と名がつきますが、実質的には対反乱作戦のための準軍事組織であり、装備は小銃、戦車など重武装でした。次いで1952年、サンフランシスコ講和条約が発効して日本の占領が終わると、日本政府は警察予備隊を「保安隊」に再編しました。国内「保安」のための武装部隊とされましたが、警察予備隊令にあった「警察力の不足を補う」という文言がなくなりました。

そして1954年、ついに「自衛隊」（Japan Self-Defense Forces）が発足しました。同年日米相互防衛援助協定が結ばれ、日本は「自国の防衛力の増強」の義務を負うことになりました。これを受けて、「直接侵略及び間接侵略に対し我が国を防衛する」自衛隊と、陸上・海上・航空自衛隊を管理・運営する防衛庁が発足しました。

9条解釈の変遷

こうした日本の再軍備は、もちろん何の議論や反対もなく進んだわけではありません。戦争の記憶が生々しく残っていた当時、軍国主義の復活を恐れる人々が少なくない中、野党は国会で政府を激しく追及しました。社会党は、警察予備隊が憲法9条に違反し無効であると主張して最高裁判所に訴えました。

9条とのつじつまを合わせるため政府の説明は、武装化が進むにつれて二転三転しました。もともと、憲法制定時の政府の9条解釈は、9条は自衛権まで放棄していないが、一切の軍事力をもたず、それゆえ戦争や武力によらずに国際平和に寄与するという徹底した平和主義で、「軍備なき自衛権」論というものでした。

しかし、警察予備隊、続けて保安隊が創設されると「軍備なき自衛権」論は事実上破綻し、それに代わって、9条2項で禁止されている「戦力」は「近代戦争遂行に役立つ程度の装備、編成を具えるもの」という「近代戦争遂行能力禁止」論が登場します。そして、警察予備隊、次いで保安隊の「本質は警察上の組織」であり、「近代戦争を有効に遂行するに足りる装備等を持たない」ので「戦力」ではないとされました。

その「近代戦争遂行能力禁止」論も、「侵略に対する防衛」を「任務」とする自衛隊が発足して破綻します。そこで、「自衛のための必要最小限度の実力」ならば保持できる、という議論が出てきます。1954年、防衛庁長官は次のように説明しました。

憲法9条は、独立国としてわが国が自衛権を持つことを認めている。従って自衛隊のような自衛のための任務を有し、かつその目的のため必要相当な範囲の実力部隊を設けることは、何ら憲法に違反するものではない。

これが、9条2項は「自衛のための必要最小限度の実力を保持することを禁止するものではない」という、今日にいたる政府解釈の基礎です。[*36]

1950年代明文改憲の追求と挫折

再軍備を正当化するためくるくると変わる説明は、いかにも苦しく、十分な説得力をもつものではありませんでした。当時の保守政党も、解釈の変更によって乗り切ろうと思っていたわけではなく、9条の条文自体を変えることをめざしました。

1954年1月、改進党が改憲決議を行い、9月に「現行憲法の問題点概要」を発表しました。自由党も「憲法調査会」を設置、11月には「日本国憲法改正案要綱」という全面改憲案を発表しました。[*37] 12月には、改憲を公約に掲げた鳩山民主党内閣が誕生。翌1955年2月、改憲の是非を争点にした衆議院選挙が実施されましたが、社会党を中心にした改憲反対議員が、改憲発議を阻止できる「3分の1以上」の議席を獲得しました。改憲をめざす民主党と自由党は、同年11月、改憲勢力の統一を図るため「保守合同」し、自由民主党が誕生しました。

しかし、1956年7月、参議院選挙で再び改憲反対議員が「3分の1」以上の議席を獲得し、鳩山内閣が主導した改憲は挫折しました。

軍事小国主義のもとでの自衛隊

1957年2月に政権の座についた岸信介首相は、日米安全保障条約の改定をめざし、1960年1月に新安保条約案に調印します。同年5月、国会承認の過程で新条約案が強行採決され衆議院を通過すると、「安保反対」「民主主義を守れ」と訴える国民の空前の抗議運動が展開されました。

この運動は、安保条約改定そのものを阻止できませんでしたが、岸内閣を退陣に追い込み、日本のその後の歴史に決定的に重要な影響を与えました。改憲勢力は、国民の抗議運動の再発を恐れて、9条を改憲する動きを凍結せざるをえなくなったのです。その結果、日本の軍事小国主義の時代が続きました。*38

その軍事小国主義の時代に確立したのは、自衛隊の任務を専守防衛に限定することです。自衛隊が武力を行使できるのは、日本に対して外国からの武力攻撃があった場合に限るとされ、いわゆる集団的自衛権の行使は憲法上できない、とされました。「非核三原則」や「武器輸出三原則」、「防衛費GNP1%枠内」

などの政策も表明されました。

集団的自衛権行使の部分解禁

軍事小国主義の時代は、冷戦終結（1989年マルタ会談）とソビエト連邦崩壊（1991年）ののち、徐々に終わりました。自衛隊が国連PKOへの参加（1992年〜）やアメリカの軍事行動への協力・後方支援（1991年〜）をするようになります。1996年、日米安全保障共同宣言で、日本周辺有事における日米間協力、さらにはグローバルな問題への協力を強化することが合意され、日米の軍事同盟化と自衛隊のアメリカ軍への貢献が要請されるようになりました。[*39]

2012年12月、2度目の首相の座に就いた安倍氏は、2014年7月1日、憲法9条のもとでも集団的自衛権を行使できるとする閣議決定を行いました。そして2015年9月19日、多くの市民や野党の強い反対と、元最高裁判所長官や元内閣法制局長官といった人々からも出された異論を押し切り、強行採決を重ねて安全保障関連法を成立させてしまいました。

しかし、自衛隊が集団的自衛権を行使できないという長年維持されてきた政府解釈は、憲法9条2項のもとでも自衛隊が合憲的に存在できるとする政府の説明と表裏一体の関係にありました。「自国を防衛するための必要最小限の実力」だから9条2項のもとでももつことは可能だというのが自衛隊を合憲とする論理だったのであり、それは必然的に「他国を防衛する」ための活動は自衛隊には許されないということを意味したからです。集団的自衛権の行使容認が「法学的意味でのクーデター」[*40]と言われるゆえんです。

6 9条は死んでいない

政府に説明責任を課す9条2項

安倍政権は、集団的自衛権の行使を容認する安全保障関連法を成立させたことでは満足しませんでした。実のところ、その解禁は、部分的でしかありませんでした。他国が武力攻撃された場合に他国防衛のために参戦するという集団的自衛権を、個別的自衛権の論理で説明し、個別的自衛権行使の場合と同じような条件を課したからです。[*41]依然として、フルスペックの（制約のない）集団的自衛権の行使は憲法上できないとされつづけています。

なぜそのような不完全なかたちになったのかと言えば、9条2項の制約を政府は無視できなかったからです。9条2項は「陸海空軍その他の戦力は保持しない」と明言しています。ですから、法律で自衛隊を明記しても、自衛隊の存在が、自衛隊の組織が、そして自衛隊の新たな活動が「陸海空軍」でないこと、いやそもそも「戦力」ですらないことを、どこまでいっても説明し、正当化しつづけなければならないという困難な任務を負わされているのです。

全面的な集団的自衛権の行使を自衛隊に認めてしまうと、それを「戦力」でないと説明しつづけることは困難であること、特に国の憲法解釈の最終決定権をもっている最高裁判所を説得できない恐れを政府も感じたのではないでしょうか。9条は、確かに土俵際まで追い詰められてしまいましたが、まだけっして死んではいないのです。

そしていま9条が土俵際ぎりぎりのところで守りつづけているのは、日本の「侵略戦争の放棄」です。[*42]

「自衛隊明記」の9条加憲の危険性

9条に自衛隊を書き加えるという安倍首相の提案は、この説明責任を課すものとしての9条2項の役割を失わせる恐れがあります。9条に自衛隊が書き込まれると、たとえ9条2項が残っていても事実上死文化し、「自衛隊は憲法上の存在なので、自衛隊の活動について、それが憲法上可能な理由を説明する必要はない」、「憲法上その活動ができないと言うなら、できないと言うほうが理由を説明せよ」というように説明責任が転嫁される可能性です。

自衛隊が憲法上の存在でないことが、自衛隊の「正統性」を奪ってきました。石川健治氏は、自衛隊が憲法上の正統性を欠いているという「うしろめたさ」こそが、「大規模な軍拡予算を組むこと」を事実上難しくし、「軍事力の国内問題への投入を含む、権限の行使を控えさせ、軍事力が政治的な資源（リソース）になることを阻み、風通しの良い自由な社会を実現」してきた、と指摘します。[*43]

ところが、自衛隊の正統性を正面から認めようという当初の安倍首相提案の自衛隊加憲は、自衛隊への憲法上のコントロールをまったくともなっていませんので、それが実現すると、「正統性の欠如による統制」と「財政上の統制」という「戦後日本において、きわめて有効に機能した軍事力統制のメカニズム」がともに消え失せ、自衛隊は憲法上「無統制状態」におかれると、石川氏は警鐘を鳴らします。

「風通しの良い自由な社会」の喪失

軍事力が統制されてきたことによって実現したと石川氏が言う、日本社会の「風通しの良さ」や「自由」とは、直接的には批判の自由や報道の自由、信教の自由などの市民的自由のことでしょう。現在、9条があるにもかかわらず、反戦運動の監視と抑圧、沖縄・辺野古米軍基地の強引な建設、軍事秘密の保護、武器の製造と輸出、軍事研究の奨励というように、軍事優先の政策が顕著に推し進められています。9条に自衛隊が明記されれば、この流れはますます強められ、市民的自由は圧迫されるようになるでしょう。[*44]

しかし、自衛隊の明記によって失われかねない「風通しの良さ」や「自由」はそれだけではないように思います。「軍」の論理がともないがちであるにもかかわらず、これまで「軍」の正統性が奪われてきたことにより、日本社会で抑制されてきた次のような価値観——男性中心的な「力」の称賛、「強者」の論理の浸透、「暴力肯定」の価値観——が、増幅するのではないでしょうか。

平和的生存権を先駆的に提唱した星野安三郎氏が興味深い指摘をしています。少し長くなりますが引用します。

明治憲法にやたらに出てくるのは、「男」と「天皇」と「軍隊」と「政府」で、「命」と「平和」はないんです。したがって、命を産み出す女性のことは一つも書いていない。生まれた結果である子供のことも一言も書いていない。……労働者や農民のことも一つも書いていない。……つまり、命と平和がなくて、戦争のために死を強制する憲法だった。それが現行の憲法になると、命と平和、女性も出てくる、労働者も出てくる、子供も出てくる。

子供や老人や障害者や女性、とりわけ妊娠した女性が平等に社会参加できるのはどういう社会なのかというと、軍隊をはじめ力が支配する社会ではない。そこで初めて、子供も老人も女性も障害者も外国人も平等に参加できると思うのです。[*45]

自衛隊明記の改憲は、「力が支配する社会」を再び——いやすでにそうなっていますので、いま以上に——強化し、「風通しの良い自由な社会」をいま以上に失わせてしまうように思われます。

オルターナティブとしての非暴力

本章では、憲法の平和主義の理解の可能性として、非暴力積極平和主義を提示しました。[*46] それは自衛隊違憲、自衛権行使違憲論です。9条改憲論者は、自衛隊違憲論を支持する憲法学者等の存在を逆手にとって、9条明記の改憲が必要だと主張しています。その状況の中で、自衛隊違憲、自衛権行使違憲論である非暴力積極平和主義を説くのは、9条改憲に反対する人々に分断を持ち込んだり、あまりに「非現実的」

として世間の9条不信を悪化させたりして改憲派を利することになるでしょうか。

現在の政治的な争点は、自衛隊や個別的自衛権行使の合憲性にはなく、国民の安全と生存とは無関係な、アメリカを中心とした軍事経済大国の侵略的な戦争に、日本が参加協力することを可能にする9条改憲を認めるかどうかにあります。ですから、現在の9条改憲に反対する人々は、自衛隊や個別的自衛権行使の評価の違いを超えて、9条擁護で一致できるはずですし、そうしなければなりません。

現在、外国の脅威が煽られ、より強力な軍事力でしか自分たちの安全は守れないと思い込んでいる国民の意識が、為政者に巧みに利用され、9条改憲支持へとつなげられているように見えます。それだけに、9条改憲の危険性――それが日本の侵略戦争への参加を意味すること、敵対勢力による無差別殺人（テロ）を日本社会に呼び込むことはもちろん、日本社会をますます軍事優先の「力が支配する」社会へと変えてしまうこと、つまり私たちの安全は逆に守られなくなること――を説くと同時に、それだけでなく、そもそも軍事力による自衛が可能なのかを問い、軍事力に対するオルターナティブとしての「非暴力」への関心を広めることによって、より多くの市民が、9条擁護で一致できるようになると期待します。

〔注〕
＊1　平和を人権と捉える憲法学の文献はたくさんあり、ここではほんの一部を掲げます。平和的生存権を初めて提唱したとされる星野安三郎「平和的生存権序論」（小林孝輔・星野安三郎編『日本国憲法史考』法律

文化社、1962年)、引用されることの多い有名な論考、高柳信一「人権としての平和」(『法律時報臨時増刊　憲法と平和主義』1975年)、平和的生存権だけでなく平和主義に関するほぼすべての論点を論じた大著、深瀬忠一『戦争放棄と平和的生存権』(岩波書店、1987年)225頁以下、平和的生存権についての緻密な法的議論を展開する浦田一郎「平和的生存権」(樋口陽一編『講座憲法学2　主権と国際社会』日本評論社、1994年：同『現代の平和主義と立憲主義』日本評論社、1995年に収録)。

＊2　この観点から、「都市型社会」において自衛であれ戦争を行うことの原理的な不可能性をつとに指摘したのが、松下圭一「都市型社会と防衛戦争」(『中央公論』1981年9月号：同『戦後政治の歴史と思想』筑摩書房、1994年、同『都市型社会と防衛論争――市民・自治体と有事立法』公人の友社、2002年に収録)です。同じことを日本列島に林立する原子力発電所の存在から説くものに、山田太郎「原発を並べて自衛戦争はできない」『リプレーザ』3号、2007年)があります。これらの指摘は、防衛論議の出発点におかれなければならない事柄ではないでしょうか。

＊3　同会フェイスブック2015年7月15日メッセージに「ころさせない」についてこう説明されています。「殺す、ということを、仕事にしなければならないのは、あまりにもつらいことです。そういう任務につくことでしか、生きていくことを許されないという社会のあり方は、問い直さなければなりません。また、殺されるということも、あってはならないものです。それぞれの生命は、何よりもおかしがたいものであるという考えは、わたしたちの生活にしみわたった感覚ですし、立憲主義の根っこもその考えになります」(傍点――引用者)。

＊4　高橋哲哉・斎藤貴男『平和と平等をあきらめない』(晶文社、2004年)114-115頁。軍隊とは、高橋氏の言う「犠牲のシステム」の最たるものと言えます。高橋哲哉『犠牲のシステム　福島・沖縄』(集英社新書、2012年)。

＊5　NHK特集「兵士はどう戦わされてきたか」（2008年9月14日放映）は、兵士のPTSD（心的外傷後ストレス障害）を歴史的に掘り下げて描いた秀作ですが、残念ながらNHKオンデマンドで視聴できないようです。デイヴィッド・フィンケル（古屋美登里訳）『帰還兵はなぜ自殺するのか』（亜紀書房、2015年）の「訳者あとがき」によると、「アフガニスタンとイラクに派兵された兵士はおよそ200万人。そのうち50万人が、PTSDとTBI（外傷性脳損傷）に苦しんでいるという事実が明らかになった」（380頁）。なお、日本軍兵士のPTSDが忘却されてきた歴史的構造を探った近著に、中村江里『戦争とトラウマ――不可視化された日本兵の戦争神経症』（吉川弘文館、2018年）があります。

＊6　侵略ないし国際紛争を解決する手段としての戦争を放棄した憲法をもつ国は、2001年現在で18か国という資料があります。衆憲資第33号（2003年）3頁。前田朗『軍隊のない国――27の国々と人びと』（日本評論社、2008年）によると、軍隊の不保持を定めた憲法をもつ国は、日本以外に4か国（リヒテンシュタイン、コスタリカ、キリバス、パナマ）あり、条文上はキリバスが日本国憲法9条に最も近いようです。憲法の規定にかかわらず現に軍隊のない国は、27か国はあると言います。ほかに、星野安三郎ほか著『資料と解説　世界の中の憲法第9条』（高文研、2000年）も参考になります。

＊7　しかし政府は、ほかならぬ前文の平和的生存権と13条の生命・自由・幸福追求権の保障を根拠にして、逆に自衛のための実力（軍事力）の行使を正当化しています。「集団的自衛権と憲法との関係に関する政府資料」（1972年10月14日参議院決算委員会提出資料）。

＊8　安全保障関連法案の国会審議中（2015年6月）に、朝日新聞が憲法学者ら209人に行ったアンケート調査（回答者122人）によると、「現在の自衛隊の存在は憲法違反にあたると考えるか」という質問への回答数は、「憲法違反にあたる」が50人（40％）、「憲法違反にあたる可能性がある」27人（22％）で合わせて62％、「憲法違反にあたらない可能性がある」13人（11％）、「憲法違反にあたらない」28人（23％）

で合わせて34％、無回答4人（3％）でした。http://www.asahi.com/topics/word/安保法案学者アンケート.html（2018年3月22日最終閲覧）。

いまだ数のうえでは少数とはいえ、自衛隊の存在（したがって個別的自衛権の行使）を合憲とする立場から、多数説の戦争全面放棄・自衛隊違憲説を批判する議論として、長谷部恭男「平和主義と立憲主義」（『ジュリスト』1260号、2004年：同『憲法の理性』東京大学出版会、増補新装版、2016年に収録）、同『憲法と平和を問いなおす』（ちくま新書、2004年）も同様の内容（長谷部氏は本書が後述する非暴力抵抗による防衛についても辛辣に批判しています）。長谷部氏の議論に対する批判として、常岡（乗本）せつ子「日本国憲法の平和主義と戦後責任」（『平和研究』45号、2015年）、笹沼弘志『臨床憲法学』（日本評論社、2014年）第23章「平和と立憲主義」、麻生多聞『平和主義の倫理性――憲法9条解釈における倫理的契機の復権』（日本評論社、2007年）第6章「倫理的平和主義の可能性」など。多数説に立ちつつ長谷部氏の提起する問いを真摯に受けとめるべきと説く愛敬浩二「平和主義――「相対化の時代」における憲法9条論の課題」（辻村みよ子・長谷部恭男編『憲法理論の再創造』日本評論社、2011年）も重要です。適宜参照してください。

＊9　ここでは安倍首相の発言を例にあげます。自民党が野党だった2012年12月、安倍氏は自民党総裁として、前文を引用しながらネット上の番組で憲法を次のように非難しました。「自分たちの安全を世界に任せますよと言っている。……自分たちが、専制や隷従、圧迫と偏狭を無くそうと考えているんじゃないんですよ。国際社会がそう思っているから、それを褒めてもらおうと。ま、いじましいんですね。みっともない憲法ですよ、はっきり言って」。番組はhttps://www.youtube.com/watch?v=dXLmRQWv40Qで見ることができます（安倍氏の発言は24分過ぎから）。テキスト（一部略）は以下で読めます。http://www.asahi.com/senkyo/sousenkyo46/news/TKY201212140595.html（2018年3月22日最終閲覧）。

＊10　寺島俊穂『市民的不服従』（風行社、２００４年）３１２頁。

＊11　こうした捉え方は、前掲、深瀬『戦争放棄と平和的生存権』や和田英夫ほか編『平和憲法の創造的展開』（学陽書房、１９８７年）、深瀬忠一ほか編『恒久世界平和のために――日本国憲法からの提言』（勁草書房、１９９８年）などに豊富に見られますが、筆者が最も多くを学んできたのは憲法学・平和学が専門の君島東彦氏の研究です。本章の不足を補って余りある論考として、同「平和憲法の再定義――予備的考察」（『平和研究』39号、２０１２年）、同「安全保障の市民的視点――ミリタリー、市民、日本国憲法」（水島朝穂編『立憲的ダイナミズム』岩波書店、２０１４年）。なお、安倍政権が防衛政策として２０１３年頃から「積極的平和主義」を掲げてきましたが、その実体が「積極的軍事主義」であることは、本書１３６頁。

＊12　前掲、寺島『市民的不服従』３０３頁。

＊13　同前、３１３頁。

＊14　大畑豊「非暴力平和理念の淵源とその発展」（君島東彦編著『非武装のＰＫＯ――ＮＧＯ非暴力平和隊の理念と活動』明石書店、２００８年）90頁。引用文中に「ボランティア」とありますが、ＮＰから現地に派遣されるフィールド・ワーカーは約2か月にわたる訓練を受け、また一定の金銭給付も与えられます。

＊15　支援のほかの種類や具体的内容および活動プロジェクトの詳細は、非暴力平和隊・日本のウェブサイトを参照してください。http://np-japan.org/index.htm　また、非暴力平和隊の国際事務局のウェブサイトは、http://www.nonviolentpeaceforce.org/（２０１８年3月22日最終閲覧）。

＊16　君島東彦「非暴力の人道的介入、非武装のＰＫＯ」（同編『平和学を学ぶ人のために』世界思想社、２００９年）２１７頁。

＊17　この構想のもとでは、自衛隊は非軍事分野における支援活動と非暴力手法による紛争解決を中心任務と

する専門家集団に再編されるべきでしょう。自衛隊の再編に関する研究に、渡辺治「安保と戦争法に代わる日本の選択肢――安保条約、自衛隊、憲法の今後をめぐる対話」(渡辺治・福祉国家構想研究会編『日米安保と戦争法に代わる選択肢――憲法を実現する平和の構想』大月書店、2016年)、水島朝穂『平和の憲法政策論』(日本評論社、2017年)第2章「自衛隊の平和憲法的解編構想」など。

＊18 芦部信喜『憲法学Ⅰ』(有斐閣、1992年)266頁は「警察による侵害排除」と「群民蜂起など」を、樋口陽一『憲法Ⅰ』(青林書院、1998年)447頁は「義勇隊、組織的抵抗運動体、群民蜂起など」を指摘するのみです。他の憲法概説書も同様か、そもそも言及していないものが少なくありません。非暴力抵抗に触れるものに、小林直樹『憲法第9条』(岩波書店、1982年)196頁以下、山内敏弘「平和主義の現況と展望」(『憲法問題』10号、1999年、85－86頁：同『人権・主権・平和』日本評論社、2003年に収録)、君島東彦「「武力によらない平和」の構想と実践」(『法律時報』76巻7号、2004年)。

＊19 前掲、小林『憲法第9条』211頁。

＊20 国家権力を拘束するという立憲主義の原則からして、主権者たる市民の武力抵抗権を憲法が禁止しているかは議論があるところです。防衛の主体をめぐって、深瀬氏が、「平和憲法・第9条方式」は国民の平和的生存権を確保するために国家に「国民的総抵抗を組織・整備すること」を要請していると主張するのに対して、「国家権力による政治的悪用や被害の増大の危険性など」があると浦田氏は批判しています。前掲、浦田『現代の平和主義と立憲主義』146－147頁。小林氏や寺島氏、さらに先駆的研究である宮田光雄『非武装国民抵抗の思想』(岩波書店、1971年)なども、非暴力防衛の主体は市民、民衆全体を想定しています。

＊21 前掲、寺島『市民的不服従』242－243頁。ほかに寺島俊穂『戦争をなくすための平和学』(法律文化社、2015年)でも論じられています。

＊22　寺島氏があげるのは、ドイツのルール闘争（1932年）、ノルウェーなどのナチス占領に対する非暴力抵抗運動（1940〜1945年）、チェコ事件（1968年）、バルト三国における非暴力防衛（1991年）などです。前掲、寺島『戦争をなくすための平和学』180-183頁。前掲、宮田『非武装国民抵抗の思想』93頁以下も寺島氏があげるのと重なる実例を分析しています。

＊23　マハトマ・ガンディー『わたしの非暴力1』（みすず書房、1997年）5頁。もっともガンディーは続けて「非暴力ははるかに暴力にまさる」、「力は体力から来るものではな（く）、不屈の意志から来るもの」と話を進めています。

＊24　非暴力直接行動を評価する政治学者の石田雄氏は、ガンディーが日本で「無抵抗主義」と誤解されてきたことを批判的に分析しています。石田雄『平和と変革の論理』（れんが書房新社、1973年）188頁。石田氏はまた同書第3章で日本の非暴力直接行動の事例を分析しています。

＊25　市民的防衛の著名な研究者ジーン・シャープは、多種多様な非暴力行動は非暴力抗議、非暴力的非協力、非暴力介入の三つに大別できると言います。ジーン・シャープ『武器なき民衆の抵抗——その戦略論的アプローチ』（れんが書房、1972年）69頁以下。

＊26　前掲、寺島『市民的不服従』251頁。なお、前掲、小林『憲法第9条』204頁以下は、非暴力抵抗の弱点や問題点をかなり詳しく検討しています。

＊27　六つの視点とは、ワシントン（アメリカ政府）、大日本帝国憲法（日本の保守政治家）、日本の民衆、沖縄、東アジア、世界の民衆（世界の平和運動）です。君島東彦「六面体としての憲法9条——脱神話化と再構築」（君島ほか編『戦争と平和を問いなおす——平和学のフロンティア』法律文化社、2014年）。

＊28　前掲、星野「平和的生存権序論」18頁においても指摘されており、渡辺治『日本国憲法「改正」史』（日本評論社、1987年）は「おそらくこの推測は正しいと思われる」（89頁）と支持しています。

＊29　小熊英二『〈民主〉と〈愛国〉――戦後日本のナショナリズムと公共性』（新曜社、２００２年）１６１頁。
＊30　その労作が前掲、深瀬『戦争放棄と平和的生存権』。日本の平和思想の中における位置づけは、山室信一『憲法9条の思想水脈』（朝日新聞社、２００７年）。
＊31　以下の引用を含め、前掲、寺島『市民的不服従』２６８－２６９頁。
＊32　より詳細な研究に、河上暁弘『日本国憲法第９条成立の思想的淵源の研究――「戦争非合法化」論と日本国憲法の平和主義』（専修大学出版局、２００６年）があります。
＊33　和田進『戦後日本の平和意識――暮らしの中の憲法』（青木書店、１９９７年）80頁。
＊34　同前、83頁。
＊35　前掲、君島「六面体としての憲法9条」１７５頁。
＊36　以上につき、前田哲男・飯島滋明編著『国会審議から防衛論を読み解く』（三省堂、２００３年）22－25頁。
＊37　渡辺治編著『憲法改正問題資料　上』（旬報社、２０１５年）にすべて収録されています。
＊38　渡辺治「序――戦後憲法史・改憲史の概観」（同前書）48頁。
＊39　冷戦終結後から安倍政権までの改憲の動きと分析については、前掲、渡辺編著『憲法改正問題資料　上』54－68頁、渡辺治ほか著『〈大国〉への執念――安倍政権と日本の危機』（大月書店、２０１４年）。
＊40　石川健治「「非立憲」政権によるクーデターが起きた」（長谷部恭男・杉田敦編『安保法制の何が問題か』岩波書店、２０１５年）。
＊41　具体的には、新たな武力行使三要件の一つ目の要件の「または」以下です。「わが国に対する武力攻撃が発生したこと、またはわが国と密接な関係にある他国に対する武力攻撃が発生し、これによりわが国の存立が脅かされ、国民の生命、自由および幸福追求の権利が根底から覆される明白な危険があること」。

＊42　9条に自衛隊（自衛の軍隊）の保持を定めたうえで、侵略戦争の放棄や集団的自衛権行使の禁止などを明記する「新9条論」と呼ばれる9条改正論があります。しかし、保守権力の目的が集団的自衛権の行使である以上、そのような改憲案が発議される見込みはないこと、仮にそのような憲法改正が実現したとしても、保守権力が憲法を守らない可能性が高いこと、保守権力が絶対に違反できないような改正文言が考えられたとしても、保守権力はそのような文言の改憲案を発議しないだろうことから、新9条論は、9条改憲の機運を高めるだけに終わると思われます。新9条論の批判に、渡辺治「日本の平和のために憲法改正が必要なのか？──新9条論批判」前掲、渡辺・福祉国家構想研究会編『日米安保と戦争法に代わる選択肢』があります。

＊43　朝日新聞WEBRONZA「「安倍9条改憲」はここが危険だ（前編）石川健治東京大教授に聞く──自衛隊に対する憲法上のコントロールをゼロにする提案だ」(http://webronza.asahi.com/politics/articles/2017060500003.html　2018年3月22日最終閲覧）。

＊44　ちなみに自衛隊員の市民的自由はすでに深刻な状況にあることを飯島滋明ほか著『安保法制を語る！自衛隊員・NGOからの発言』（現代人文社、2016年）が伝えています。具体的には、自衛隊員には安全保障関連法への意見表明が強く抑圧されていること（16、43、50、66、74頁など）、弁護士団体による相談会への相談を上司から禁止されたこと（66頁）、辞めたくても辞められないのではという不安があること（65、67、73頁）、海外派兵任務についての説明等が一切ないこと（66頁）などが紹介されています。

＊45　星野安三郎・古関彰一『日本国憲法［平和的共存権］への道──その世界史的意味と日本の針路』（高文研、1997年）82、86－87頁。明治憲法には「男」が1回（2条「皇男子孫」）、「天皇」が22回、「軍」が4回、「政府」が12回使われています。日本国憲法では、「男」0回（ただし後述）、「天皇」11回、「軍」1回（9条2項）、「政府」1回で、明治憲法にはなかった「生命」が2回（13条と31条）、「平和」が5回（前

文に4回と9条に1回）使われ、「性別」（14条と44条）や「両性」「夫婦」（いずれも24条）という文言で女性（男性も）が、「子女（英文ではboys and girls）」（26条）で子どもが言及されています。「勤労者」も1回（28条）登場します。

＊46　憲法の非暴力積極平和主義が政治的に実行されるには、それに見合った非侵略的・非搾取的な国民経済のあり方と日米安全保障条約の見直し、東アジア諸国との関係改善が最低限不可欠と思われますが、本章では指摘だけにとどめざるをえません。経済の問題については福祉国家構想研究会の多くの著書、日米安保については前掲、渡辺・福祉国家構想研究会編『日米安保と戦争法に代わる選択肢』、東アジアについては君島東彦「東アジア平和秩序への道筋——ミリタリズムを批判・抑制する力」（『別冊法学セミナー集団的自衛権容認を批判する』日本評論社、２０１４年）をあげておきます。いずれも、「国民の強い合意と現実の国際的平和構築の推進と並行して行なわねばならないので、きわめて長期にわたる過程」（前掲、渡辺「安保と戦争法に代わる日本の選択肢」３５２頁）となる問題です。

あとがき

本書は、個人の尊厳と両性の本質的平等を謳う24条を介して、日本国憲法の平和主義と基本的人権の尊重の価値を再検討することをめざしたものです。本書に収録されている各論稿を読まれて、みなさんはどのように感じられたでしょうか。24条の意味を深く知ることができた、9条についてはある程度知っていたけれど24条のことはほとんど知らなかった、24条が平和主義を構成するとは思いもしなかった、24条が9条と並ぶ改憲の主なターゲットであるとは知らなかった等、さまざまな感想をもたれたことでしょう。

24条は保守的な立場から改憲をめざす人々の間ではよく知られていますが、一般的にはその存在はそれほど認識されてきませんでした。言うなれば、大変地味な存在でありつづけてきました。そのことは、24条の研究者が大変少ないことからも言えるでしょう。しかし、本書が示したように、24条は私たちの日常生活に最も密接なかかわりを有する条文の一つなのです。その理由は24条が婚姻の成立要件や家族に関する立法のあり方を規定しているからというだけではありません。むしろ立法のあり方の中で示されている個人の尊厳の根源的な価値が、私たちの〈生きる〉という営みにおいて欠かすことができない重要な要素を形成しているからです。それは、第4章が述べているように、一人ひとりが多様な支配・服従関係およびそれから生じる各種の暴力から解放され、安心して暮らすことができることを意味します。

服従を強いられる生活とは、家族のような私的領域の中だけで起きるわけではありません。愛国心を一方的に植えつける政策（第1章、第2章、第3章、第4章）、特定の家族モデルを強いる政策（第1章、第2章、第3章）、武力に依拠する安全保障政策を人的または精神的に支えることを求める政策（第5章）、兵士として殺し／殺されることを強いる政策（第5章、第6章）、経済的に国家に貢献することを求める政策（第4章）、家族とりわけ女性に社会保障の肩代わりをさせる政策（第4章）等、人権を無視したさまざまな施策によって生じます。これらの政策の問題点は、本書の中で明らかにしたとおりです。こうした抑圧的な社会と対極的にあるのが、非暴力な手段によって構築された非暴力な人間関係に基づく社会です。

日本国憲法の平和主義とは、安全保障や国民の生命の名のもとで国家の存立を優先させ、そのために個人が犠牲になることを求めるものではありません。逆にそのような発想を否定するものです。恐怖と欠乏から免れた生活を送る権利（＝平和的生存権）を日本社会に住む〈すべての人々〉および全世界の人々に保障すること。これが人権と非暴力を基調とする平和主義の根底に脈々と流れる考え方です。それをしっかりと支えている条文が非戦と非軍事を求める9条、そして個人の尊厳が冒されることを認めない24条なのです。そのことを確認するために、本書では24条と9条を組み合わせた平和論・人権論を多角的な視点から展開しました。

本書の構想は、２０１７年4月23日にジェンダー法学会の有志が大阪で公開研究会「24条の改憲をめぐる最近の動向」（ジェンダー法学会研究会補助金採択研究会）を開催したことを機に生まれました。本研究会を企画した理由は、２０１６年の参議院選挙の結果、衆参両議院で保守改憲派が議席の３分の2を占め（２０１７年10月の衆議院選挙結果も同様）、かねてからターゲットとされてきた24条改憲がいよいよ現実味を帯びたと危惧したからです。現在、自民党が猛烈な勢いで進めている明文改憲の具体的項目には24条は含まれていません。しかし、９条が日本国憲法制定以来最大の危機に瀕しているからこそ、本書ではあえて平和主義の文脈から9条と対になっている24条の意義を描くことにしました。この試みは9条改憲問題を広く社会に喚起する作業の一環として位置づけられるものです。

私たちはいかなる場合においても、憲法改正が認められないと言っているわけではありません。将来、既存の法律の改正や新しい法律の制定だけではこれ以上の人権保障が難しいと判断されるような事態が生じたときに、人権規定を拡充するための改憲が必要となることが考えられます。しかし、現段階では、現行憲法の人権規定を十分に活かした社会がつくられているとは言えない以上、改憲が必要とは思えないのです。いま私たちに求められているのは、現行の憲法が現実の生活の中でしっかりと活かされた社会をつくる努力をすることではないでしょうか。

本書の刊行にあたってはジェンダー法学会の会員を含む多数の方々からご協力をいただきました。とりわけ、上記の公開研究会の日から私たちに編集者として的確な助言を与えてくださると同時に、遅々として筆が進まない著者を激励してくださった大月書店の角田三佳さん、そして急な依頼であるにもかかわらず本書の主旨を理解し、快く絵を描いてくださった画家の千光一さんに、著者を代表して心から御礼申し上げます。

２０１８年３月15日

著者を代表して　清末愛砂

執筆者

中里見　博（なかさとみ　ひろし）
大阪電気通信大学教授（憲法学，ジェンダー法学）
『クローズアップ憲法（第3版）』（共著，法律文化社，2017年）
『ポルノグラフィと性暴力――新たな法規制を求めて』（明石書店，2007年）

能川　元一（のがわ　もとかず）
神戸学院大学ほか非常勤講師（哲学）
『海を渡る「慰安婦」問題――右派の「歴史戦」を問う』（共著，岩波書店，2016年）
『憎悪の広告――右派系オピニオン誌「愛国」「嫌中・嫌韓」の系譜』（共著，合同出版，2015年）

打越　さく良（うちこし　さくら）
弁護士
『レンアイ，基本のキ――好きになったらなんでもOK?』（岩波ジュニア新書，2015年）
『改訂　Q&A DV事件の実務――相談から保護命令・離婚事件まで』（日本加除出版，2015年）

立石　直子（たていし　なおこ）
愛知大学教授（家族法，ジェンダー法学）
『離別後の親子関係を問い直す――子どもの福祉と家事実務の架け橋をめざして』（共編著，法律文化社，2016年）
『ジェンダー法学入門（第2版）』（共著，法律文化社，2015年）

笹沼　弘志（ささぬま　ひろし）
静岡大学教授（憲法学）
『臨床憲法学』（日本評論社，2014年）
『ホームレスと自立／排除――路上に〈幸福を夢見る権利〉はあるか』（大月書店，2008年）

清末　愛砂（きよすえ　あいさ）
室蘭工業大学大学院教授（憲法学，家族法）
『緊急事態条項で暮らし・社会はどうなるか――「お試し改憲」を許すな』（共編著，現代人文社，2017年）
『北海道で生きるということ――過去・現在・未来』（共編著，法律文化社，2016年）

DTP　岡田グラフ
装幀　宮川和夫
絵　　千　光一

右派はなぜ家族に介入したがるのか──憲法24条と9条

2018年5月15日　第1刷発行
2023年11月15日　第3刷発行

定価はカバーに
表示してあります

著　者　中里見博・能川元一
打越さく良・立石直子
笹沼弘志・清末愛砂

発行者　中　川　進

〒113-0033　東京都文京区本郷2-27-16
発行所　株式会社　大　月　書　店

電話（代表）03-3813-4651　FAX 03-3813-4656　振替00130-7-16387
http://www.otsukishoten.co.jp/

印刷　三晃印刷
製本　中永製本

ISBN978-4-272-35043-8　C0036　Printed in Japan